簪缨世家

六朝琅邪王氏传奇

萧华荣◎著

华东师范大学出版社
·上海·

图书在版编目（CIP）数据

簪缨世家：六朝琅邪王氏传奇 / 萧华荣著. —上海：华东师范大学出版社，2021
ISBN 978-7-5760-1751-9

Ⅰ.①簪… Ⅱ.①萧… Ⅲ.①家族-研究-中国-六朝时代 Ⅳ.①K820.9

中国版本图书馆CIP数据核字(2021)第094311号

簪缨世家——六朝琅邪王氏传奇

著　　者	萧华荣
策划编辑	许　静
责任编辑	乔　健
责任校对	林文君　时东明
装帧设计	卢晓红
出版发行	华东师范大学出版社
社　　址	上海市中山北路3663号　邮编200062
网　　址	www.ecnupress.com.cn
电　　话	021-60821666　行政传真 021-62572105
客服电话	021-62865537　门市（邮购）电话 021-62869887
地　　址	上海市中山北路3663号华东师范大学校内先锋路口
网　　店	http://hdsdcbs.tmall.com/
印 刷 者	上海中华商务联合印刷有限公司
开　　本	890×1240　32开
印　　张	8.375
字　　数	196千字
版　　次	2021年8月第1版
印　　次	2022年8月第3次
书　　号	ISBN 978-7-5760-1751-9
定　　价	58.00元

出版人　王　焰

（如发现本版图书有印订质量问题，请寄回本社客服中心调换或电话021-62865537联系）

目次

新版题记／1

第一章 孝友人家／1

临沂的传说／2
孝友的故事／4
一位饱经沧桑的老人／6
权力的期许：赠刀与遗训／9
中国第一豪族／12
与时推迁：王氏家风探微／14

第二章 玄诞兄弟／18

名士诸相／20

醉倒黄公旧酒垆／玉柄麈尾／三语掾／情之所钟，正在我辈／守财奴与阿堵物／任诞

者 / 琳琅珠玉

乱世窘态 / 32
二王当国 / 南风烈烈吹黄沙 / 与时浮沉 / 失算的政治联姻 / 滑稽的免祸计 / 动乱与权位

清谈误国 / 44
司马越用名士 / 狡兔三窟 / 名士元戎 / 大墙下的追悔 / 一个任诞者之死

第三章　王与马，共天下 / 54

王为马，定天下 / 56
从孝友村到乌衣巷 / 新支点 / 百六掾 / 玄儒双修 / 江左管夷吾 / 大将军 / 裂痕

王与马，争天下 / 71
一马化为龙 / 壮怀犹唱缺壶歌 / 清君侧 / 伯仁为我而死 / "大义灭亲"

王助马，治天下 / 81
黄老士与礼法人 / 王、庾失和 / 苏峻之乱 / 镇之以静，群情自安 / 光环下的阴影 / 元规尘污人 / 闪亮的"宝刀"

第四章 逍遥与进取 / 94

逍遥游 / 97
  寄畅山水阴 / 伤心千古《兰亭序》/ 无法逍遥的忧国心 / 落拓之性，出自门风 / 逍遥兄弟

儿女情 / 107
  《桃叶歌》/《团扇歌》

进取者 / 110
  王氏青箱学 / 王谢交恶

第五章 火中取栗 / 116

抉择与困境 / 118
  大手笔 /"胡广"方针 /《长史变》/"宝刀"的传人 / 冰山难依 / 小朝廷的传玺人

飞鸟各投林 / 130
  慧眼识英雄 / 水流千里 / 集结 / 前奏

第六章 马棰下的富贵 / 138

进取与止足 / 140

　　废立事件——一个新机遇 / 权力的再分配 / 知止道攸贵 / 王太保家法 / "青箱学"传人 / 处于不竞之地

求之不来、推之不去的祸福 / 150

　　游戏与占命 / 一个谦抑者的悲剧 / 一个躁进者的下场 / 推不掉的富贵 / 明知无罪的赐死

送与迎 / 159

　　宰相之志 / 又一个历史机遇 / 二王持平，不送不迎 / 王僧虔诫子 / 将一家物与一家

第七章 流誉南北 / 170

一代儒宗 / 172

　　造次必入于儒 / 国师 / 族人心态种种

权欲的祭坛 / 178

　　《曲水诗序》/ 破灭的梦幻 / 巢窟何处 / 渗血的屏风

名标北史 / 183

流落与知音 / 复仇者 / 汉化的辅臣 /《悲平城》/ 一出家庭悲剧

第八章　豪门夕晖 / 194

惯性的力量 / 196
　　顺水推舟 / 华贵中的阴影 / 马粪巷长者 / 甘棠伐处王氏移 / 三代国师

以翰墨为勋绩 / 205
　　谢灵运的传人 / 王有养、炬 / 王氏的文学传统 / 一诗得侍中

纷乱时世 / 211
　　百世卿族，一朝而坠 /《渡河北》/ 王褒诚子

第九章　淮水绝，王氏灭 / 218

强弩之末 / 220
　　最后的龙套 / 末世贵胄
悲凉的回音 / 224
　　北国词臣 / 断肠两地书 /"宝刀"叹
无可奈何花落去 / 228

玉树歌残王气终 / 消失的"宝刀" / 凄厉的尾声 / 余波

第十章　千秋王氏堂前燕——书法 / 238

源远流长 / 241
书圣的故事 / 244
二王优劣论 / 247
谁是"冠军" / 249
书累 / 250
智永与《兰亭帖》的传说 / 251
最后的"回顾展" / 253

主要参考书目 / 256

附录：六朝琅邪王氏世系简表

新版题记

王、谢二书,不意又出新版。看起来所谓"王谢风流",以及他们所贯穿的六朝风流,仍能引起读者的兴致,并没有"被雨打风吹去"。

是的,这风流并非虚幻的空花,他们自有实实在在的事功。其荦荦大者,便是两位千古名相:王导、谢安。在时局危殆之际,一个为晋室开发了半壁江山,一个保住了这半壁江山,展现出他们的担当与智慧。在六朝,他们恰与诸葛亮"同框",在后世也与之齐名而无愧。

这风流更结出两个文学艺术硕果:以王氏为代表的"晋字",以谢氏为代表的六朝山水诗。其尤杰出者,王羲之被后人尊为书圣,谢灵运被奉为山水诗的鼻祖。两样均成为传统文化的瑰宝。由此言之,其家史与国史,家族与民族,正相联结。

历史并不虚无。史实及其意义和价值,明明如月。诗云:"这些好东西都决不会消失,因为一切好东西都永远存在。"

作者
2021 年 3 月

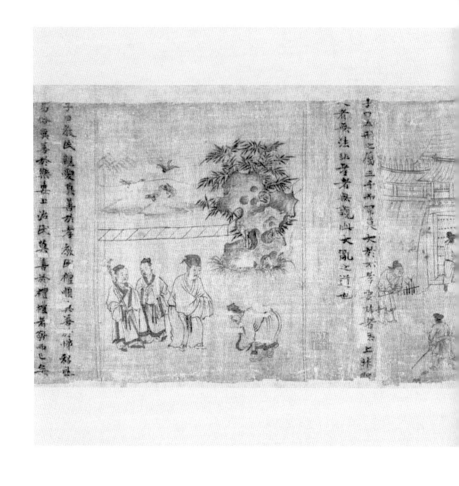

第一章　孝友人家

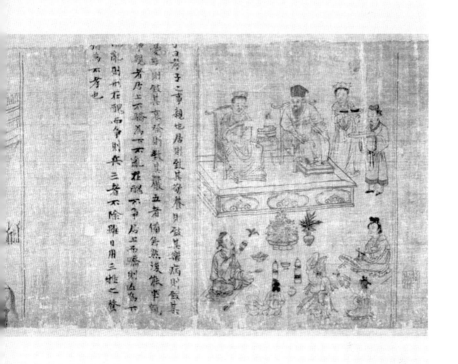

吾少好百家之言,身为四代之史。自开辟以来,未有爵位蝉联、文才相继如王氏之盛也。

——《南史》卷二十二《王昙首传》引沈约语

时　　间:魏至西晋初(约公元220—278年)。

主要人物:王祥、王览。

在现在的山东省临沂市城北约十四公里处,有个普普通通的孝友村,一千八百多年前,这里曾经生活着一户孝友人家。真是应了"孝友继世长"那句古训,后来果然在这户人家的根芽上,蕃衍出一代代簪缨不绝的绳绳子孙,中国古代最为烜赫的世家大族。孝感河从村前缓缓流过,仿佛是一个历史的见证与象征,世世代代娓娓述说着他们的故事。

临沂的传说

为了撰写这本小书,我专程造访了山东临沂——古时称为琅邪临沂,是魏晋六朝琅邪王氏的郡望,是他们的根儿。

时间是旧历三月,正下着绵绵春雨,润渥着大街两旁翠绿的柳枝和绯红的桃花。长途汽车站旁边,在一个闹市口的街心花园中,高高耸立着一尊巨大的塑像,那是扬名千古的书圣王羲之。塑像高四米多,呈古铜色,头部微昂作远瞩深思状,手持毛笔,正欲挥翰疾书。塑像的座基高约五米。在爵位蝉联的王氏家族,出将入相者不胜枚举,开国元勋也大有其人。与这些族人相比,王羲之的官职远不显赫,但临沂人仍把他选为城市的标志,引为偶像与骄傲。看来艺术比权势更有生命力。

为了纪念这位书圣,在城市的西南隅还正兴建着一座以他命名的公园,主体部分"王羲之故居"已经落成。这是一个古色古香的庭院,"洗砚池"占了大部分的面积,传说王羲之少时曾在这里泽笔濯砚,现在却一清见底,游鱼历历可数,阵阵微风吹皱一池春水。池中有翼然一亭。池边间栽垂柳、桃树、迎春、修竹,红、黄、绿映衬如画。池后有一土台,台上一碑大书"晒书台"三字,据说是少年王羲之曝晒墨迹之处。再往后有瓦屋数间,是清代一位地方长官创建的琅邪书院。

孝友村现有东西二村,中间只有一路之隔,几乎连为一体。一排排农家小舍,掩映在绿树如烟之中。王氏当年的故居早已被雨打风吹去了,只是在村前孝感河偏西处河床一侧有一小泉,泉水上涌,严冬不凝,人们说这便是当年王祥卧冰求鲤之处,早先还有一块镌有"晋王祥卧冰处"的石碑。又说离此地不远原有一座孝友祠,内供王祥、王览、王羲之的塑像。祠东别有一院,正面瓦屋三楹,院中也有一碑,上书"晋元公王祥守李处"。这一切也已荡然无存,真是农人指点至今疑了。

据民国初年编修的《临沂县志》记载,孝友村及其附近还曾有王祥墓、王导故居,不过这些也都无从寻觅。王祥、王览的后裔虽大多生在江南,长在江南,死在江南,但他们总不忘这片故土,并以此为标志区别于其他王姓家族(如太原王氏);这里的人们也总不忘曾经为家乡争得荣誉的先贤,把他们的事迹记在县志中。

三天后我乘上长途汽车,作别了这座古老的城市和它悠远的传闻。我想到现属临沂市的这片土地,曾经是许多著名历史人物的祖籍,除王氏众多风流子弟外,再如汉代的名儒匡衡,三国时的名相诸葛亮,以及颜氏家族的颜之推、颜师古、颜真卿,等等,他们多是中国历史上的第一流人才。曾经发掘出大量珍贵的考古资料的银雀山汉墓也在这里。我也是山东人。在我年轻的时候,便听说临沂是山东较为后进的地区。这时我脑海中忽然涌现出《诗经·大雅·瞻卬》的两句诗来。这两句虽然显得有点沉重,却可以当作震响在我们心灵中的晨钟暮鼓,故仍愿把它们写在下面:

> 无忝皇祖,式救尔后!

不要辱没了光荣的祖先,以便拯救你的后人!

当然,以上所见、所闻、所感皆是十年前的事情,现在这一切,都已经非复往昔了吧。

孝友的故事

孝感河在当地俗称孝河,不用说是得名于大孝子王祥,孝友村则在王祥的"孝"之外,又加上王览对哥哥的友爱。他们的事迹,一个被收在《二十四孝图》中,一个被收在《二十四悌图》中,在过去曾经广泛流传。

王祥孝敬的是一位后母,这一点显得尤为难能可贵。他的生母薛氏去世后,父亲王融娶了朱氏为继室。这是一个心地褊狭刻薄的女人,特别是生下自己的儿子王览之后,更把王祥视为眼中钉肉中刺,必欲置之死地而后快,常常吩咐王祥干最脏最累的营生,并在王融面前中伤王祥。在这种冷漠无爱的家庭环境中,王祥忍气吞声,逆来顺受,加倍地孝敬父母。在一个天寒地冻的严冬,朱氏忽然异想天开,要吃鲜鱼。王祥立即来到村前河边,看到河水已经结了厚厚的冰层,便脱掉棉衣,抡起铁锹,准备把冰劈开,冰层却忽然自行裂开,从水里跳出两条活蹦乱跳的鲤鱼落到王祥脚下。这个故事本来就有点离谱,后来人们又添油加醋,说是王祥光着臂膀卧在冰上,用自己的体温融化了坚冰,于是便有了"卧冰求鲤"的传说,这条河后来也因而被称为"孝感河",意谓王祥那份至诚的孝心感动了天地。不过纵使王祥的笃孝能够融化严冰,感天动地,却无法融化与感动后母那颗比冰还冷的心。王家后园中有几棵茂盛的李树,一到夏天便结满累累硕果。在一个风狂雨骤雷鸣电闪的夜晚,贪婪的朱氏担心果子被风吹雨打下来,便打发王祥到后园看守。天呀,王祥即使拼上性命,又怎能抵挡狂暴不羁的大自然的破坏力!他只得抱树而泣,祈求上苍保佑,不让后母心爱的财产遭到损失。这些果树果然完好无损。前面所提到的王祥风雨守李处的石碑,便是由此而来。

王祥的孝行被后人渲染,有点荒诞不经,不过他是有名的孝子应是无疑的,六朝人屡屡言及。孝原是建立在血缘基础上的一种自然感情,是对于"哀哀父母,生我劬劳"的真诚回报。而朱氏对于王祥除虐待摧残外,并没有丝毫"长我育我,顾我复我"之恩,那么他的纯孝便显然是一种理性的行为,是对儒家所倡导的纲常伦理的践行。在他看来,朱氏虽非他的生母,但毕竟有着母子的名分,无论如何他都应遵循名教行事。

王祥的至孝很像虞舜,都有一位冷酷的后母和糊涂的父亲。但王祥比舜幸运,他没有一个凶顽的弟弟,却有一个通情达理、友爱善良的弟弟王览。王览比王祥小二十多岁,他虽系朱氏所生,对兄长却十分敬重,即所谓"悌",每当朱氏打骂王祥,他都抱着母亲哭泣哀求,平素也常加规劝。随着岁月的流逝和年龄的增长,王祥以自己淳厚的德行在社会上赢得声誉,朱氏却更加忌恨,有一次吃饭给王祥斟上一杯毒酒。王览看出母亲不良居心,便抢着要喝。王祥也怀疑到其中有诈,硬是不给,兄弟二人便在饭桌前争来抢去。朱氏生怕毒死自己的亲生儿子,便把那杯酒夺过来泼在地上。王览的妻子也是一位富有同情心的明达女人,她看到偏心的婆婆经常支使嫂子干苦差事,便总是与之一起分担。

孝、友在近代常常受到非难。但这实为一种值得礼赞的行为。一个自私到连自己的父母兄弟都不爱的人,还能指望他爱谁呢?

一位饱经沧桑的老人

在《晋书》里,王祥、王览兄弟的传记紧跟在"后妃传"之后,而后妃无论多么颠顸无行,她们的传记总是照例排在前头。所以实际上王祥、王览传应是《晋书》列传的第一篇。这固然因为王祥的官爵很高,更主要的则是因他年龄特大,入晋时已经到了耄耋之年:八十二岁。王览则无疑沾了这位年高德劭的哥哥的光。

王氏源远流长,据说可以追溯到春秋时周灵王(前571—前545年在位)的太子晋。晋因为直言敢谏被废为庶人,其子宗敬为司徒之官,人称"王家",于是便索性以"王"作为姓氏,世代相传,宗敬也就成为王氏始祖。到他的第十五、十六代孙上出了王翦、王贲两位将军,成为秦始皇的开国元勋,父子双双封侯。再到第二十二代上出了王吉,他自幼好学,熟读经书,在西汉曾被举为孝廉、贤良,任谏议大夫,也因为直言敢谏一度受过挫折,后来做到大司空的高官。他把家迁徙到临沂都乡南仁里,成为王氏定居临沂的始祖。第二十六世孙王音①,在东汉为大将军掾属。王音的第四子王融不就官府征辟,终生不仕。他便是王祥的父亲。所以王祥当是王氏第二十八代传人,但在本书所要写的魏晋六朝这个门阀世族最为兴盛的时期,他却是炙手可热的王氏家族的始祖。

王祥活过了漫长的岁月。他生于东汉光和七年(184年),黄巾大起

---

① 《晋书》卷三十三《王祥传》作"王仁",此据《新唐书·丞相世系表》。

义就在那年爆发,从此开始了中国历史上最为动荡的时期。跟我们熟悉的历史人物相比,王祥比诸葛亮仅小三岁,比著名诗人曹丕、曹植都要大。当这些光华四射的人物像流星一样划过夜空陨落以后,他还不紧不慢地在他的人生轨道上运行。他父亲去世以后,他本想照看好后母幼弟,苟全性命于乱世,无意出仕。但到三国魏文帝曹丕黄初年间(220—226年),徐州刺史吕虔硬是聘他为别驾。别驾是刺史的佐吏,总理众务,职权甚重,有半个刺史之称。吕虔对他又很信赖,把州中的大小事务都委托给他,因而他可以充分发挥自己的才干,在不长的时间内,把州中治理得井井有条,人民安居乐业。人们歌颂他说:

海沂之康,实赖王祥;
*邦国不空,别驾之功。*①

"海沂"指古徐州,因为它东接大海,境内又有一条沂水流过。王祥本以德行著称,现在又显示出出众的治才,吕虔对他愈加敬重。吕虔有一把佩刀,据说只有能登上三公之位的人方可佩用,否则反受其殃。他自知没有此种福分,担待不起,预感到王祥将来必有大的作为,便将此刀和自己的祝福一道赠送给他。从此这个命运的吉祥物便像一个影子,一直陪伴着王祥。转眼三十年过去了,王祥仕途果然一帆风顺,地位越来越高。此间,他经历了魏文帝曹丕、明帝曹叡、齐王曹芳几代帝王,亲眼看到权臣司马氏集团的势力越来越大,亲眼看到司马懿发动的高平陵政

---

① 《晋书》卷三十三《王祥传》。

变,剪除了政敌大将军曹爽、玄学名士何晏等人,牢牢把权柄抓在手中。他也亲眼看到司马懿的儿子司马师执政后,废除了齐王曹芳,扶植十四岁的高贵乡公曹髦上台,名为皇帝,实是玩弄于股掌之中的傀儡。王祥对这一切只能保持沉默,既不去助纣为虐,投井下石,也不傻乎乎地去做不识时务的挡车螳臂,或用自己的头皮与司马氏的刀刃一较软硬。这样,他依违于你死我活的权力之争的夹缝之中,老成持重,逐渐成为一名资深官员。到甘露三年(258年),曹髦因他素来"厪仁秉义,雅志淳固",下诏任命他为"三老"。这是一个专掌教化的受人尊重的官职,多以年高德重、深明儒学者充任。王祥当时已经七十五岁,可以说是曹髦的祖父辈,便当仁不让,以帝王师自居,经常用儒家仁义礼治政教风化的道理训导曹髦,曹髦对他也毕恭毕敬。不过曹髦毕竟年轻气盛,作为一个理应拥有至高无上权力的君王,他不堪忍受权臣对他的控制与摆布,不堪忍受仰人鼻息的傀儡地位,于是在两年之后(260年),亲率卫兵袭击继司马师之后执政的司马昭。但司马氏的羽翼众多,曹髦铤而走险的"壮举"不过是鸡蛋碰石头而已,他那些卫兵也只是不堪一击的乌合之众,当即被司马昭的亲信粉碎,曹髦本人也被杀死,还落得个"悖逆不道,自陷大祸"的罪名。王祥闻变,在朝廷上大哭,自责"老臣无状",没有尽到教诲的职责。这哭声的背后有丰富的潜台词。从内心说,他从一出仕就做着曹魏的官,对曹氏不能说没有感情,对曹髦的横死不能说没有悲慨,但他那"老臣无状"的自责又轻而易举把过错推到曹髦身上,为司马氏做了开脱。同时这一哭又使其他人无法否认他是忠臣,并与他发生微妙复杂的心灵共鸣。于是,王祥不仅没有受到牵连,而且不久便升任司空、太尉,也就是那把宝刀所预许的"三公"。

又过了两年(262年),"竹林七贤"中的大名士嵇康也被司马氏杀死。王祥更成为惊弓之鸟,他目睹了一顶顶皇冠落地,一个个名士殒身。他饱经沧桑,也老于世故。他十分巧妙而得心应手地周旋在险恶的政治斗争漩涡之中,审时度势,揣摩忖度,使自己的任何行为都保持着一个恰当的分寸。他不是司马氏的亲信和私党,他也不需要这样做,以便在清流中保有一个持重老成德高望重的形象,同时又巧妙地利用这种形象为司马氏补台,并向司马氏讨价还价。司马氏也愿意他这样做,以便给自己涂抹上一层礼遇贤者的脂粉。咸熙元年(264年),司马昭被封为晋王,篡夺已经成为"路人皆知"的定局。当时王祥与何曾、荀颛同为三公,前往祝贺。何、荀二人均行跪拜之礼,唯有王祥长揖而已。事前他曾与荀颛私下讲过,他们与司马昭都是魏臣,地位也仅差一级,君子应当"爱人以礼",如果行跪拜之礼,反而会"亏晋王之德"。何、荀是司马氏的心腹,自然无所不可,王祥向称方正立朝,以独立的人格标榜于世,与司马氏也有一定距离,如果他也跪拜,不但将为司马昭所轻,也将会把司马氏的僭越非礼与狼子野心和盘托出,反而会受到司马昭装模作样的拒斥。他只要能向司马氏暗示他不会成为篡权的障碍,他将承认和顺从那样的事实,这对于司马氏来说也就够了。对此,司马昭自然心领神会,心照不宣。

权力的期许:赠刀与遗训

第二年八月(265年)司马昭死,其子司马炎继为晋王,到十二月便逼使魏帝禅位,正式篡权,建立晋朝,后世称为晋武帝。王祥也顺理成章地随之入晋。

王祥没有反抗这个结局,没有做曹魏王朝的忠臣和殉葬品,后人往往因而苛责他,说他是"巧宦"这也未免求之过高。站在高岸上说话当然轻巧,到了湍流险滩才会明白"谈何容易",不信试试看!在当时的具体条件下让王祥怎么办呢?真正为曹氏王朝而死节的能有几人?一个也没有!司马氏的篡位经过了几代人的酝酿,权归司马氏已经成为人们普遍接受的定局,曹氏的统治也实在维持不下去了。另一方面,在后人的心目中往往认为现存的便是合理的,当下的王朝便是正统,而不问这个王朝是否也是篡夺而来——比如曹魏本就是篡夺东汉而来,而等到时过境迁,篡权者建立的新王朝也成为现存的、合理的以后,人们又会把它当作正统,转而大骂更新的篡逆者为逆子贰臣,如此循环相因。其实只要对人民对社会没有造成危害,新、旧王朝之间是没有多少是非可言的。从王祥自身来说,他既要自保,又要干进,要富贵,就不能不依违于两派势力之间,随波逐流。对他的评价,也要看他是否给人民给社会造成什么危害,他是否使用过害人利己的卑劣伎俩。

王祥承认了新王朝,新王朝也需要王祥。司马氏原是儒学世族,司马炎曾标榜自家"传礼来久",又表示要"以孝治天下"。王祥恰巧是一位儒者,一位孝子,一位处处遵"礼"而行的正人君子,一位资深位重的老者,于是便给了他更高的地位,拜为太保,封为公爵。王祥也很知趣,他自知不是司马氏的亲信,对新朝的建立没有多少实质性的贡献,加以年已迟暮,现在需要的是谦抑,是止足,是为后人保住既得的一切,便一再请求逊位退休,终于获准。

王祥在晋只活了三年。临死前他把当年吕虔赠送的那把佩刀转赠给王览,因为他预感到王览的后代将会兴盛,而自己的后代将会式微,不堪承受此刀。王览在王祥出仕不久也踏上仕途,入晋做到光禄大夫,比王祥多活了十年。果然,王祥的后代到孙子辈便已默默无闻,而王览一支却枝繁叶茂,极为兴旺,后来那些王氏的衮衮诸公,无一不是他的苗裔。这果真是王祥神秘的预见呢,还是后人并不神秘的"事后诸葛亮"?这就无从考究了。不过那把佩刀在后世却常常被提及。刀剑在古代是功名事业的象征,那把看似寻常的佩刀更是王氏的吉祥物,预约着权位富贵的神器。王氏真可称为"宝刀家族"!

王祥死前还给子侄辈留下一篇遗训,其中说:

夫言行可覆,信之至也;推美引过,德之至也;扬名显亲,孝之至也;兄弟怡怡,宗族欣欣,悌之至也;临财莫过乎让。此五者,立身之本①。

他用"信""德""孝""悌""让"训诫子孙,五者都是儒家立身行事的道德伦理原则。值得深思的是,司马炎在登上皇位前夕曾给各郡中正之官发布了一个命令,要求以六条标准举拔人才,它们是:

一曰忠恪匪躬,二曰孝敬尽礼,三曰友于兄弟,四曰洁身劳谦,五曰信义可覆,六曰学以为己②。

这六条也是晋初用人的公开标准。它们与王祥的五条遗训大致差不多,

---

① 《晋书》卷三十三《王祥传》。
② 《晋书》卷四《武帝纪》。

可以看出当时标榜儒学的时代精神。但二者有一个根本的差异：王祥的遗训中没有提到"忠"字，而司马炎却把它放在首位。这决不是偶然的。大概王祥终生所目睹身历的一切变局都使他觉得无"忠"可言，司马炎首先就不忠。遗训的核心是孝悌，而他对孝的最高要求是"扬名显亲"，对悌的最高要求是"宗族欣欣"，也就是要获取权位声名，保持家族兴旺。王祥的这种"期待视野"，犹如遗传基因通过一代代言传身教，在后世王氏子弟中形成一个悠久的传统。而且果然，他的后代经历过一次次改朝换代，目睹了一顶顶皇冠易主，而几乎无人忠于仕奉的旧王朝，却往往承当传玺奉绂的角色，"将一家物与一家"。

中国第一豪族

王氏子孙没有辜负王祥的期许，没有辜负那把幸运的宝刀，他们世世进取，代代努力，两晋、宋、齐、梁、陈五个朝代，三百余年，十余代人，始终活跃在政治舞台上，风流不衰，冠冕不绝。

梁代的著名历史学家和文学家沈约曾经感慨地说："自开辟以来，未有爵位蝉联、文才相继如王氏之盛也。"[①]此话是合乎实情的。在中国历史上，有的家族的族谱续写得可能比王氏还长，但却没有王氏的权位那么高；有的家族的权势可能一时比王氏还要大，但却没有王氏蝉联得那么久。可以说：王氏是中国古代第一豪族。

魏晋六朝是士族门阀制度的鼎盛时代，士族如林，我们不妨拿王氏

---

① 《南史》卷二十二《王昙首传》。

与其他家族作一比较。那时的世家大族首推王、谢,东晋时便已齐名,后世更成为风流豪门的典型。不过我们还可以把范围再扩大一点。台湾地区学者毛汉光所著《两晋南北朝士族政治之研究》依据正史,做了许多精细的统计,这里不妨借用他的研究成果。据他的排列次序,此期大士族的前四名是:琅邪王氏、陈郡谢氏、陈郡袁氏、颍川庾氏(江左原有士族除外)。我们就在这个范围内进行比较。依照毛先生统计,此期共有五品以上的官员1771人(包括仕二朝者),其中四家各占的数额如下:

王氏: 161人 其中一品 15人
谢氏: 70人 其中一品 4人
袁氏: 35人 其中一品 2人
庾氏: 33人 其中一品 2人

从这些统计可以看出:在两晋南朝,平均十一个五品以上的官员中便有一名是王氏子弟。还可以看出:虽然当时王谢并称,但谢氏的势力远远不竞,更遑论其他家族了。

再比较以上各家与皇室的联姻情况:

	为皇后者	尚公主者
王氏:	8人	13人
谢氏:	1人	3人
袁氏:	1人	1人
庾氏:	2人	0人

在这方面也是王氏遥遥领先,而联姻与政权的关系是不言自明的。

另外王氏还通过自己逃奔和羁留北朝的子弟(如王肃、王褒等),在北方也获取了很大的权势与荣名,甚至成为宰辅,并且通过北朝后来在唐代又有四人出任宰相。这也为其他各家所不及。

说王氏家族是中国第一豪族,并不是没有根据的。

与时推迁:王氏家风探微

写到这里读者或许要问:王氏家族的权势能持续如此之久,其秘密何在?

人们大概首先会想到九品中正制度。是的,确实与此有关。两晋南朝沿用了曹魏时期九品官人法,由各地的"中正"之官将当地的士人分为九等,举荐给政府量等任用。最初它不失为一种选拔人才的有效方法,但积久生弊,各地的中正逐渐落在世家大族手中,他们互相题拂标榜、举荐任用,当时戏称"互市"。被推选的不外是他们的兄弟子侄,形成"上品无寒门,下品无势族"的局面,成为延续世家大族政治权势的组织保证。王氏自然也不例外,其子弟担任中正之官的数量,在各家族中也占首位。但从原则上讲,九品中正制只造成世家大族与庶族寒人之间的不平等,在世家大族内部机会却是均等的,他们同样享有"最惠待遇"。那么,王氏何以又比其他世族尤为兴盛不衰呢?

这也许会想到王氏的人丁兴旺,子孙众多。这也未尝不是一个因素。王氏确实子孙绳绳,瓜瓞绵绵,以至于有不少名字相重者。子孙众多,不但可以互相呼应,也可以互为盛衰,所谓"东边日出西边雨""东方不亮西方亮",一人出事,还有他人;一支断绝,还有别支。这无疑有利于整个家族权位的延续。但是如果仅用这种自然的、生理的原因来解释王氏之盛,并没有多大意义,也没有抓住事情的关键。

关键还在于王氏传统的家风与应世态度:与时推迁。

这一点显然得力于王祥的基因。从主流说,王氏子弟的政治态度大多是进取的,机变的,他们决不忠于某个败落的王朝,而十分珍视自家的门户。他们尤其看重改朝换代之际,不放松这种权力更替和再分配的关键时刻。王祥之于西晋,已如前述;王导、王敦之于东晋,也是如此。南朝朝代的更换,传递玺绂、起草禅诏的,大都是王氏子弟。这样他们就从前朝贵官一变而为新朝佐命,攫取到更大的权位,为子孙奠立下高屋建瓴之势。利益既得之后,便致力于稳固地位,其方法是节制权力欲的过分膨胀,谦抑止足,进入南朝之后尤其小心翼翼,以免与皇权发生龃龉或引起君王的疑忌。这时他们常常教子弟"平流进取,坐致公卿",力戒轻躁。另外,他们虽然追求权势,却决不觊觎皇位——王敦之反是个例外,并且有复杂的原因。这样就避免了像有些家族那种一蹶不振的灭族之祸。

行为上的与时推迁来自思想、意识上的不断调整适应。王氏家族的历史不仅是一部两晋南朝的权力更迭史,也是一部魏晋六朝的思想流变史。我在《华丽家族》中认为谢氏家族始终较倾向于老庄玄学,在生活和应世态度上表现为风流潇洒、超尘出俗,这虽可避灾远祸,却不足以振兴家声。王氏则不然,他们随时调节自己的思想,以适应外界的挑战。王氏子弟虽没有出过一个真正的思想家和哲学家,但其重要人物都与当时的时代精神步调一致,有的还成为其代表人物。王祥在魏晋之际以儒学发迹;王衍是西晋的清谈领袖,以至于有"清谈误国"之称,其弟王澄是任诞派的代表;东晋王导玄礼双修,兼好佛释,宋时太保王弘大致也是如此;王俭在南齐为一代儒宗,不过他的根柢仍是玄礼双修;此后的王氏子弟,国子生出身的也远比谢氏多。上述这些人物,都是王氏那把象征性的"宝刀"的重要传人,也是本书的重要支点。

当然,一母九子,子子各别,何况王氏经过那么多世代,有那么多子弟,以上所说也仅就主流而言。在王氏家族,各支的门风不尽相同,如王胡之一支多倾向于庄老,王彪之一支多倾向于礼学,它们始终是儒、玄、佛兼融。王氏的末世子弟王褒曾告诫他的儿子:

吾始乎幼学,及于知命,既崇周、孔之教,兼循老、释之谈,江左以来,斯业不坠,汝能修之,吾之志也。①

这是一个很好的总结,与王祥的临终以儒学诫子显然大异其趣。王氏家族在思想方面的这些主流与支流,演变与推迁,也是本书的一个重要线索。

---

① 《梁书》卷四十一《王规传》引《幼训》。

第二章 玄诞兄弟

桓公(温)入洛,过淮、泗,践北境,与诸僚属登平乘楼,眺瞩中原,慨然曰:"遂使神州陆沉,百年丘墟,王夷甫(衍)诸人,不得不任其责!"

——《世说新语·轻诋》篇

时　　间：西晋前至后期(约公元279—311年)。
主要人物：王戎,王衍。

西晋咸宁四年(278年)王览去世,标志着王氏家族一个时代的结束——那是以孝友闻名的时代。预许着权位富贵的"宝刀"在他们的下一代并没有产生效验。这时候,如果不是在王氏家族的别支上挺生出两个另一种类型的人物——王戎、王衍,那把"宝刀"能否传承尚未可知。王氏的家传也许要有另一种写法。

王祥有五子:王肇、王夏、王馥、王烈、王芬。王览有六子:王裁、王基、王会、王正、王彦、王琛。这些人虽都曾出仕,但一无殊勋,二无显位,三无高名,《晋书》也未给他们立传。他们的不振,可能与时代风会的演变有关。西晋初期经过一度重儒礼之后,从魏末正始年间延续下来的玄学风气渐渐抬头,风靡士林。风会所致,鉴拔与铨选官员的标准也潜转暗移,玄诞之士逐渐在士林拥有重名,在朝廷获致高位。王戎、王衍就是在此种风气中走向显达的。

王戎、王衍是堂兄弟。王衍有个弟弟王澄,则以任诞放达闻名。他们的祖父王雄曾为幽州刺史,与王祥、王览是堂兄弟。他们共同的祖父是王吉,汉宣帝时曾任博士谏大夫,由此便"一水中分白鹭洲",花开两枝了。

在西晋前期,几乎各个世家大族都经历了一个由儒入玄的转折,对于王氏来说,这个转折是由王戎、王衍完成的。他们曾经名噪一世,位重一时,但到儿子辈便已衰微,泯没不闻。他们的出现和显达,仿佛是历史的有意安排,以便为王祥、王览传递那幸运的"宝刀":王览的嫡孙、后来在东晋权位极重的王敦、王导都经过他们的提携。

名士诸相

人们常说"魏晋名士"。王氏入晋后的第三代便多以名士著称:王戎属"竹林名士",王衍、王澄属"中朝名士",王敦、王导是"渡江名士"。这些名士兄弟的轶事逸闻,成为后人口头的常谈、诗文的典故。通过这些风流轶事,我们可以窥见他们的内心和时代风气。

醉倒黄公旧酒垆

唐代诗人陆龟蒙的七绝《和袭美春夕酒醒》说:"几年无事傍江湖,醉倒黄公旧酒垆。觉后不知明月上,满身花影倩人扶。"全诗的立意与境界且置不论,"醉倒黄公旧酒垆"一句则典出王戎。据《世说新语·伤逝》篇记载,王戎晚年做尚书令时,有一天路过黄公垆——那曾经是一家著名的酒肆,忆起当年自己经常与名士嵇康、阮籍等人在此饮酒酣醉,而现在早已天人永隔,不觉废然长叹,感慨系之。

那时他却还年轻,风华正茂,正是魏晋易代之际的险恶之秋。嵇康、阮籍等人不满司马氏的独揽朝政和杀戮行为,不满他们欲行篡夺却又标榜名教,便以老庄的"自然"之旨与之对抗,主张人应当顺任自己的天然情性自由自在地生活,而不受礼教的压抑约束,自称"越名教而任自然"。他们还经常聚集在河内山阳(在今河南修武县)嵇康别业的竹林中,饮酒谈玄,弹琴啸歌,任诞逍遥,号称"竹林七贤",内有嵇康、阮籍、刘伶、向秀、山涛、阮咸、王戎,其中王戎年纪最小。

王戎自幼聪慧过人,两目炯炯有神。他比著名诗人、玄学家阮籍虽小了十四五岁,却颇受阮籍的赏识,结成忘年之交。阮籍蔑视礼法,不拘小节,常常领王戎到一家小酒店饮酒。女店主颇有几分姿色,阮籍喝醉后便在她身边酣睡。男主人了解他的为人,也不猜疑。王戎的思想和行为颇受他的影响。比如阮籍的母亲去世,阮籍虽然心中极其悲痛,却不露声色，依然下棋、饮酒、吃肉，到末了才口吐鲜血数升。后来王戎的母亲去世时，王戎的行为几乎与阮籍一模一样，被人称为"死孝"。他们都是至孝的人，却用这种矫情的方式表达对世俗礼法的漠视。

王戎与嵇康也过从甚密。嵇康是曹氏的姻亲，与司马氏抱着更加不合作的态度，但处于那样恶劣恐怖的环境中，他只能用沉默表示对抗。王戎与他相交多年，而不见其喜怒之色，也没听到他褒贬臧否人物。

但王戎与嵇、阮的思想、性格都有所不同。他没有嵇康的峻烈，阮籍的深沉；他既不是诗人，也不是玄学家，没有像嵇、阮那样留下许多影响深远的诗篇与理论著作。他依违于政治斗争的缝隙中，见风使舵，精于算计。司马炎篡位时，嵇康已经被杀，阮籍病死，其余五人都由魏入晋，做了新朝的官员，而王戎后来最为显达。

这时"醉倒黄公旧酒垆"已经过去四十多年，当年旧友风流云散，王戎自己也到了孔子所说的"从心所欲不逾矩"的古稀之年，经历了许多动乱忧患，更觉往事如烟，不堪回首。想到自己未能挣脱名缰利锁，那一声叹息中也未尝没有几分愧悔之意。

玉柄麈尾

王衍比王戎年小二十二岁，司马氏篡位之时他才刚刚十岁，魏晋易代的事情只是幼年的记忆。他的父亲王乂早年曾在司马昭手下任职，入晋后为平北将军。

王衍最引人注目的特点是极为标致，风采出众。小时候去拜访名士兼达官山涛，山涛赞叹说："何物老妪，生宁馨儿！"意思是说哪个不起眼的老太婆，竟生下如此标致的孩子！"宁馨儿"一词，后来便成为对美好事物的赞语。王戎曾称美这位小堂弟神姿高彻,如琼林玉树,超越风尘之表。王敦则叹赏这位族兄立于众人之中,犹如珠玉闪耀在瓦砾之间。由此,我们不难想见他无与伦比的风采。

王衍另一个特点是聪明浮慧,极善夸夸其谈,华而不实。起初好谈战国纵横之术,慷慨激昂,似乎有苏秦张仪的长策和鲁仲连的胸襟。恰值当时边境多事,有人便推荐他出任辽东太守。他退缩了,坚辞不就,从此再也不论及世事,改谈缥缈不着边际的老庄玄虚之学。这种逃避责任的态度,贯穿了他的一生。凭着他的聪明与门第,风姿与口才,很快便博取了巨大的名声,极为士林推崇,成为当时趋之若鹜的清谈领袖。他在高谈阔论时常常手持麈尾,这是一种有助谈兴的小玩艺,后来绝而不存,有人说其状犹如扇子,也有人认为像驱蝇的拂子。其柄用白玉为饰,与他那白皙的手同一颜色,难以分辨。他辩才无碍,发觉不当便随时改正,人称"口中雌黄"。他偶俶风流,渐至高位,引起朝野人士的倾慕与效法,清谈玄学之风比正始时期更为风靡,玉柄麈尾成为清谈名士的标志。

其实王衍并没有多少深刻的思想,也没留下什么理论著述。他吹枯嘘生滔滔高论的玄妙哲理,不过是从前人那里稗贩来的罢了。玄学兴起于曹魏正始年间,以老庄思想为主,而杂以儒学,探讨的是宇宙的本体问题,代表人物为何晏、王弼。他们崇尚老庄,著书立说,发挥道家的"贵无"学说,认为"无"是宇宙间一切的本原,天地万有都是由"无"派生出来的。由此他们论证了名教(有)出于自然(无),并引申出清静无为的治国方针和人生态度。王衍是何、王的信徒,他所谈论的玄理便由此而来。不过在王衍的时代,名士们往往以此为口实,崇尚虚无的生活态度,完全蔑弃礼法的规范与约束,行为放荡,做官极不负责,所谓"处官无官官之意,处事无事事之心"。这种风气引起一些务实之士的不满,特别是王戎的女婿裴𬱟尤为嫉恨,写了一篇《崇有论》进行攻讦,为儒家的礼制辩护,认为"礼制弗存,则无以为政矣"①。于是王衍与裴𬱟,"贵无"派与"崇有"派之间便展开了一场论辩,不相上下。但在当时的历史条件下,"贵无"论终究比"崇有"论更有市场。

三语掾

不过在现实生活中,王戎、王衍的思想并不那么简单。他们没有留下理论著述,我们只能由几件轶事略加窥视。

《晋书》卷四十九《阮瞻传》上记载了一个小故事:

> (阮瞻)见司徒王戎,戎问曰:"圣人贵名教,老庄明自然,其旨同异?"瞻曰:"将无同。"戎咨嗟良久,即命辟之。时人谓之"三语掾"。太尉王衍亦雅重之。

这是后来王戎、王衍做了高官以后的事情。阮瞻是阮籍的从孙,也是一位清谈名士。"圣人"指孔子,"名教"即礼教,是儒家思想的核心,而老庄则以"自然"即行为的自由无羁与之分庭抗礼。"将无同"是当时的口语,即"大致相同"之意。阮瞻认为名教与自然是大旨相同并行不悖的。王戎很赏识此语,就凭着这三个字将他聘为自己的掾属,故当时艳称为"三语掾"。

---

① 见《晋书》卷三十五《裴𬱟传》。

《世说新语·文学篇》也记载了这个故事,不过发问的是太尉王衍,回答的是阮瞻的从兄弟阮修。到底哪种记载正确,已无法确定了。但既然古人已把事情记混,足见王戎、王衍的思想倾向是一致的。

　　故事虽然简单,答语更仅寥寥三字,却涉及到中国思想史特别是魏晋思想史上的大问题,也难怪王戎、王衍如此看重。早在先秦时期,礼法与自然便是几个主要学派争论的核心问题,既涉及到治国平天下的方略,也涉及到做人应世的态度。在那动荡不宁的时世,儒、法、道家各自开出拯时救弊的药方。儒家重礼,法家重法,道家重自然,都想平治天下,收拾人心。汉代罢黜百家独尊儒术,礼教获得完全的胜利。汉末动乱以来,这个矛盾又突出起来。到曹魏正始年间,司马氏标榜名教以树立威望,暗中做篡位的准备。亲近曹氏的何晏、王弼宣称名教出于自然,以自然为本,以名教为末,有暗中对抗司马氏的用心。所以何晏最终被杀,王弼以早卒幸免,不过他们也并未把名教与自然对立起来。将二者对立起来的是嵇康、阮籍。不管他们内心的想法到底如何,嵇康提出的"越名教而任自然"便使二者处于水火不容之地,阮籍在实际生活中更做出许多有悖名教的狂怪举止,被当时和后世的礼法之士骂为名教的罪人,甚至比为桀、纣一类恶棍。王戎虽与嵇、阮同为竹林七贤,王衍虽号称放达名士,但从他们赞同"将无同"三字来看,可知他们的思想已与嵇、阮不同,与何、王也有差异。他们认为自然与名教是可以调和的,也没有本、末的分别。这是进入晋代以后普遍的社会思潮,以便协调儒、道的矛盾,协调名士放达与司马氏政权的矛盾。当时有位与王衍齐名的乐广也说过一句有名的话:"名教中自有乐地。""乐地"就是生活的放任与快乐,这是在不违背名教的前提下也可以求得的。

不过在当时以至于整个两晋南朝,士人思想和言行的主流毕竟更倾向于"自然",而不同程度地漠视礼法。

情之所钟,正在我辈
《世说新语·伤逝篇》还有一则含义深长的小故事:

> 王戎丧儿万子,山简往省之,王悲不自胜。简曰:"孩抱中物,何至于此!"王曰:"圣人忘情,最下不及情;情之所钟,正在我辈。"简服其言,更为之恸。

《晋书·王衍传》的记载与此不同,说这是王衍与山简的对答。山简是山涛的儿子。王戎的儿子王绥,字万子,死时已经十九岁,称之为"孩抱中物"似乎不合情理,所以《晋书》记为王衍的幼子较为可靠些。不过我们仍可以看作是他们共同的思想。

这故事也涉及到魏晋玄学所争论的一个重要问题,即"圣人"是否有情。先是何晏提出圣人没有喜怒哀乐等感情,王弼起来驳斥,认为圣人与众人一样,也有喜、怒、哀、乐、怨等"五情";与众人不同处在于他虽有情而又不为情所累。正因为他与众人"五情"同,所以能够感受万物,理解众人的喜怒哀乐;正因为他不为情所累,所以能够超脱万物,超越众人。显然,王弼的观点更为通达,更为合乎情理,也就更容易为名士们接受。

这里所说的"圣人",指禀有至高德性能够通于"大道"的人,其实也就是理想人格。讨论圣人是否有情,其实也就是讨论一般人是否应当有情,应当如何评价情。认为人应无情,其说出于老庄。《庄子·德充符篇》有段话讲得比较明确集中,原文不易读,我们直接把陈鼓应的译文抄在下面:

> 惠子对庄子说:"人是没有情的吗?"庄子说:"是的。"
> 惠子说:"人若没有情,怎么能称为人?"
> 庄子说:"道给了人容貌,天给了人形体,怎么能不称为人?"
> 惠子说:"既然称为人,怎么没有情?"
> 庄子说:"这不是我所说的'情'。我所说的情,乃是说人不以好恶损害自己的本性,经常顺任自然而不用人为去增益。"①

所以先秦道家以有情为有累,无情为无累。有情是指背离人的原初素朴心理的物欲追逐,以及由这物欲满足与否而引发的喜怒哀乐,等等;无情则是指安时处顺,一任自然的逍遥境界和自由天地,是"喜怒哀乐不入于胸次"(庄子语)的无心无为状态。王弼等人从老庄的理论出发,却又做了一个修正,认为人既应顺任自然,而情正是一种自然本性,但众人易为情所累,理想人格则不累于情。王戎虽然也讲"圣人忘情",但那是一般人所达不到的理想境界,"最下不及情"则失去人之为人的起码条件,二者都为突出"情之所钟,正在我辈",即一个正常的人(实指名士)是应有血肉之情的。

圣人有情无情的争论与现实生活中自然与名教、情与礼的冲突密切

---

① 见《庄子新注新译》。

相关。在魏晋名士看来,任情就是顺任自然,用名教、礼法节制情、约束情则有悖于自然。所以"有情"论在肯定和提升情的价值之时,也高扬了人的个性。但如果不能保持在一种精神自由的境界内而向庸俗方面发挥,那么这种理论恰好给纵情放诞的行为提供了依据。

守财奴与阿堵物

王戎、王衍思想虽颇相通,性格却大有差异。简单地说,王戎贪婪而不鄙怯,王衍鄙怯而不贪婪。

王戎是个守财奴。《晋书》本传及《世说新语·俭啬篇》都记载了他贪得无厌的轶事,略举数端如下:

晋初实行占田制,规定了官员按等级、农民按人口占有土地的数额。这项制度不久就遭到破坏,达官贵人巧取豪夺,广占田地,远远超出了规定的限度。王戎便是如此。他的园田、水力碾米机遍布天下,他不顾自己的身份,经常到各处巡视,催交田租,腰间挂着一条汗巾。他家有万贯,却仍不满足,整日盘算,令人想起巴尔扎克笔下那个可笑可悯的守财奴老葛朗台的形象。他省吃俭用,吝啬无比,甚至达到苛薄无情的程度。王戎的女婿就是前述那位写过《崇有论》的名士裴𫖮,家境较为清贫,曾向他借贷了不少钱,长久还不起。女儿一回娘家,他便做出难看的脸色,直到还债后才露出笑模样。有个侄儿结婚,他仅仅送了一件单衣,说是礼品,事后却又赶紧索回。他家中种的李子又大又甜,卖的价钱好,他害怕别人得到种子,事先一个个把李核取出。他的贪婪到了不可思议的地步,但更不可思议的是,他却并不吝惜自己的生命。《晋书》本传上说他"在危难之间,亲接锋刃,谈笑自若,未尝有惧容",仿佛财富比生命更珍贵,仿佛这些财产死后可以带走一样。也许正因为他性格的这种复杂性,从东晋时起,便有人为他的贪婪辩解,说这是他生当乱世的韬晦之计,用以表明他除钱财之外别无野心。这也未免曲意"为贤者讳"。从上面的事例看,王戎的贪婪显然出于天性。

在这方面王衍与他恰巧相反,王衍对钱财这些身外之物看得很淡。我们现在常戏称钱为"阿堵物",典故就出自于他。他的妻子郭氏贪得无厌,他非常反感,故口不言钱。郭氏想试探他一下,趁他睡熟之机,让人把钱绕在床的四周,他睡醒后见状喊道:"把阿堵物拿开!"终于没说出一个"钱"字,只是蔑称为"这些玩意儿"(阿堵物),仿佛怕弄脏了他的嘴。他一生只高谈那虚无缥缈的玄理,从不言利。看来他的行为也并非矫情。但他在政治斗争上却鄙怯畏缩,不择手段地苟且偷生,没有节操。

任诞者

"中朝名士"在表现方式上大致可以分为两种类型:一是清谈派,他们喜欢挥动麈尾,坐而论道,吹枯嘘生,空谈玄虚,但在行为上却并不很放纵,王衍便是这一派的代表。另一种是放诞派,他们不大讨论理论问题,主要是在行为上实践他们认为的老庄精神,做出种种放诞任达、纵情悖礼、耸动视听的举止,并认为放达才是得大道之本。他们崇奉庄子更过于崇奉老子。王澄则是这一派的代表。一般说来,前一派主要承袭何晏、王弼等正始名士的精神,后一派则主要承袭嵇康、阮籍等竹林名士的作风,特别是阮籍的影响尤大,所以东晋时人们反思和责难他们的荒诞行径时,往往把罪责追究到阮籍头上。

当然两派的区分仅是表面的,实际上有着密不可分的内在联系,后者的放诞行为正是前者的虚无理论的具体实践。所以王衍、王澄等人同样为后人所责难。

王澄是王衍的弟弟,由于哥哥的鼓吹延誉,他也很快成为名士。王衍当时名声很高,凡是经过他品评题拂的都立即声名大振,犹如小鲤鱼跳过龙门一样,故人们称他为"一世龙门"。这样,在他周围便聚拢着一批崇拜者,其中不乏放纵不拘之徒,如谢鲲、胡毋辅之等,号称"八达"。他们仿效竹林名士的行为,凑在一起纵酒酣畅,有时一饮连续几天几夜,甚至赤身裸体。王澄也经常混迹其间,比他们有过之而无不及。

后来,王澄在哥哥的举荐下出任荆州刺史。出发那天,倾朝官员都到郊外送行。王澄忽见树上有个喜鹊窝,灵机一动,当众脱下衣服,爬上去将窝中的小鸟取下,神情平淡,旁若无人。到任之后,仍然日夜纵酒。当时正是天下多事之秋,荆州是长江上游的军事重镇,他对军政大事全不关心。虽然部下苦苦劝谏,也毫不为意,这样难免吃败仗。

王澄等人的这种任诞行为,后人称为"元康之放"。元康之放与竹林之放的相似只是表面的。竹林名士阮籍等人本有济世之志,但生当天下多故之时,不得不故作佯狂玩世,在醉乡中远灾避祸,也在醉乡中安顿不平的心灵。所以阮籍内心其实是十分苦闷的,他所留下的八十多首《咏怀诗》便以含蓄隐晦的手法倾诉了极为深长的忧思,是他的"苦闷的象征"。王澄等元康名士不过是浮浅的模仿,并无嵇阮那样深刻的思想和深沉的忧心,故被后人讥为东施效颦,无病呻吟。

琳琅珠玉

西晋中期以后,王氏家族不再是征辟不就、隐居在清冷的孝友村的孝友人家了。孝友兄弟的第三代已经长大，不少已经出仕，再加上王戎、王衍、王澄等人，逐渐成为一个十分兴盛的头号世族。有一次一位名士去拜访时为太尉的王衍，正遇上王戎、王敦、王导等人都在那里，他出来后不胜艳羡，对人说："在王家我看到满堂琳琅珠玉。"其实除他见到的那些人外，当时不在场的还有王含、王舒、王廙、王彬，以及王羲之的父亲王旷等，在西晋的政治舞台上都各有一番表演。但在整个王氏家族的历史上声名和权势最大的，无疑要数王敦、王导了。

王敦是王览的嫡孙，父亲王基官至治书侍御史。他眉目疏朗，从小有"奇人"之称，长于清谈，与名士谢鲲、庾敳、阮修并称王衍的"四友"，却不为王戎所喜欢，说他将来会给王氏闯祸，还有一位名士则说他是"蜂目豺声"，将来不是吃人，便是为人所吃。这些记载不管是否属实，他的性格确实比较强毅、刚狠、自信，还多少带一点无赖气。他曾到名士石崇家做客。石崇位高财广，极端豪奢，连厕所都富丽堂皇，香气扑鼻，十几名丫鬟在一旁侍候，并备有新衣服让客人随时更换。一般客人当着女子多羞于脱衣，他却毫不在乎，从从容容换上新衣而出，把穿过的旧衣服丢在厕中，连丫鬟们都说他将来必能作贼。

王导是王敦的堂弟，父亲王裁只做到抚军长史，官职不显，生活不很富裕，所以自小养成较为俭省的习惯。不过他也不乏王氏子弟的风流习气，热衷麈尾清谈，还写过一首《麈尾铭》流传至今。他的个性与王敦不同。

有一次，二人到石崇家做客。石崇命美人劝酒，倘客人不饮，便将美人杀死。王导不善饮酒，但为了劝酒女子的生命，总是勉强喝下。王敦则固执不饮，冷眼观察。石崇果然连杀三个美人。到第四个，他仍拒绝，王导不忍,在一旁责备他,他说:"他杀自家人,与我何干!"这个故事记在《世说新语》中,未必可信。但王导比较平和善良,王敦则刚狠强硬,却也是事实。

王敦、王导虽与王戎、王衍平辈,年龄却小得多。如果从名士系列来说,他们要比王戎低两代,比王衍低一代,属"渡江名士"一辈。他们虽也清谈,但比王衍、王澄讲究实际。这固然与个性有关,更是时世使然。

晋室南渡以后他们才成为政治舞台上的主角,朝廷中举足轻重的人物。在西晋他们还只是配角,演主角的是王戎、王衍。

乱世窘态

王戎、王衍并不幸运,他们一生遇上两个大变局,一个是魏晋易代,一个是行将爆发的八王之乱。特别是后者,搅乱了他们玄妙的梦幻,使他们玉柄麈尾、倜傥风流的名士容止露出踽踽跄跄的窘态;动乱也使他们从缥缈的云端落入人间,不得不瞪大眼睛正视现实,用尽心计应付瞬息万变的纷争,算计着如何在混乱中全身远祸,甚至火中取栗。

与此同时,年轻的王敦、王导也在动乱中养就了羽翮。

二王当国

八王之乱开始于晋惠帝元康元年(291年),在这之前王戎、王衍便已出仕。王戎出仕尤早,还在曹魏时期他仅仅二十四岁的时候,便已经升任尚书吏部郎——那是一个掌管铨选人才的很有实权的官职。王衍入晋时年仅十岁。十四岁那年,他父亲为平北将军在外任职,时常派人回京汇报边防军情。王衍那时与母亲留在京城。有一次他嫌来人汇报不清,便亲自造访尚书右仆射、他的堂舅羊祜陈述。他从容不迫,侃侃而谈,条理清晰,语言优雅。事后羊祜对人说,王衍将会以盛名得高位,但伤风败俗的也必定是他。这话后来传到王衍那里,他十分不满。

王戎对羊祜尤为怀恨。那是三年之后(272年),王戎在羊祜军内任职。三国时的魏、蜀、吴,魏为晋所篡,蜀早已灭亡,只剩下江东的吴国与晋对抗。此时晋武帝司马炎正酝酿伐吴,任命羊祜负责前线的军事,隔江与吴军对峙。这一年与吴军打了一仗,结果大败。其间不知为什么事情,羊祜要以军法斩掉王戎,经人说情才算罢休。王戎的怀恨便由此而生。

后来王戎、王衍都做了大官,士林流传着一句话:"二王当国,羊公失德。"

羊祜其实是以德行著称的,在民间威望甚高,死时所辖地区的老百姓无不恸哭。他喜欢山水风景,镇守荆州时,常常登临襄阳城南的岘山远眺,见汉水茫茫,一去不还,不仅感叹人生易逝,身名易灭。去世以后,襄阳人民为他在岘山建碑立庙,四时祭祀。人们望到这座石碑,便想起他生前的德政,无不流涕歔欷,因而称为"堕泪碑"。他是人们的一座心碑。所谓"羊公失德",并不是他果真失去以往的美德,而是人们畏于二王的威势,不敢称颂他的美德。

不过这是后话。八王之乱以前,二王还并未当国。就在羊祜要杀王戎的那一年,王衍因不肯出任辽东太守为人所讥,朝廷也不用他,他在尘尾清谈中混过了几年,后来虽经历了几任官职,也都不很显赫。王戎要好得多。咸宁五年(279年)十一月晋军大举伐吴,兵分数路,王戎为其一路。当时他为豫州刺史、建威将军,打过几个胜仗。第二年(280年)吴国灭亡,国家这才经过近百年的动荡复归统一,王戎也以军功封侯。又过了两年,因在地方上颇有政绩升至朝廷,为侍中。

以后的八九年,是西晋统一全国后短暂的太平时世。王戎、王衍过了一段平静的岁月,官职也平稳上升。

南风烈烈吹黄沙

太熙元年(290年)四月,晋武帝司马炎的死打破了这种平静,他带走了建晋、平吴、统一中国、使国家迄于小康的种种勋业,而把一大堆矛盾留在身后,引发了争夺最高权力的激烈火并。

最高执权者死亡或去职的空白期往往是权力争夺的白热阶段。不过在世袭君主制度下,因为事先已经指定了皇权继承人,不存在新的竞争与选择,从原则上也就不存在权力的空白期。这个不容置疑的法定继承人一般是太子。如果太子即新的最高执权者是强有力的,那么权力的更迭与调整可以比较顺利,不会发生大的动荡。但司马炎的继承者、太子司马衷即晋惠帝却憨头憨脑,他竟能够向大臣提出"青蛙是为公叫还是为私叫"这样可笑至极的问题,那么他执政的智慧和能力便可想而知了。他仅仅是依据"立嫡以长不以贤"这个原则,而他又是按照排序这个自然条件而被定为继承人的。在世袭君主政体下,天下的治乱往往系于皇太子个人才质的偶然性。这里完全应了卢梭所说的一段话:"人们宁愿冒着由婴儿、怪人或傻瓜来当首领的危险,也不愿意为了选择好国王而发生纠纷。"①但权力是一件很有魅力的东西,虎视眈眈的野心家、冒险家并不能无动于衷,相安无事。于是司马炎为自己亲手缔造的王朝种下了动乱的根苗。

在这种情况下,如果有一位强大有力、威望素著而又忠心耿耿的辅佐者帮助行使最高权力,政局平衡还是可以维持的。司马炎病中本来诏令第四子汝南王司马亮与皇后的父亲杨骏共辅朝政,但诏书尚未下达,皇后便在父亲的指使下,利用自己的特殊身份,乘司马炎弥留之际,征得他糊里糊涂的首肯,公布由杨骏一人辅政,并将司马亮调出朝廷。而司马亮又较有威望与德行,这就引起了宗室与朝臣的不服。杨骏既无美望,又不善协调各种势力,只会以升官加爵取悦众心,同时树立私党,刚愎自用,更引起朝野的怨愤。

另外还有一股势力,那便是散布在各地的同姓王。司马炎从自己的篡权行为中汲取教训,为了加强皇室的力量,大封同姓王作为中央的藩屏,在封地拥有军权和行政权。他们作为宗室,自然不能甘心于外戚当政的局面,不过他们之间也有矛盾,彼此不能相服。

这种局面已经阢陧不安,此时又半路杀出一个贾后,使之雪上加霜。司马衷上台后立母亲杨氏为皇太后,妻子贾氏为皇后。贾后小名南风,是西晋的开国功臣贾充之女,据说模样黑矮而丑,为人嫉妒、褊狭、残忍,心计多端。在这权力的明争暗逐中她也不甘落后,伸进一只强有力的手,成为八王之乱的直接引发者和导火线。她自己没有儿子。这年八月,司马衷立谢妃所生的司马遹为皇太子,以王戎等人为师保。对于野

---

① 《社会契约论》,商务印书馆1980年版。

心勃勃的贾后来说,司马遹自然是她的眼中钉,不过她眼下所要对付的主要政敌还是杨骏。

据传当时流行着一首童谣,其中说:

南风烈烈吹黄沙,
遥望鲁国郁嵯峨,
前至三月灭汝家!①

据预言家解释,"南风"指贾南风;"黄沙"指司马遹,小名沙门;"汝家"指杨骏。这当然是古代谶纬迷信风气下常见的附会,不过贾南风不只对于太子,对于杨骏,甚至对于整个晋室,也的确都是预示不祥的"扫帚星",而不是"可以解吾民之愠兮"的熏熏"南风"。

二王就是在这种不祥的局面中逐步"当国"的。

与时浮沉

果然,第二年(291年)三月,贾后向杨骏开刀了。她利用宗室的自负心理和对外戚专权的不满,挑动他们的权力欲,先是派人游说镇守豫州的汝南王司马亮举兵废除杨骏,遭到拒绝。继而又拉拢镇守荆州的楚王司马玮。司马玮是司马炎的第五子,年少气盛,欣然答应,便上表要求入朝,得到杨骏的同意。这样,经过一番紧锣密鼓的策划,便于一个夜晚用惠帝的名义下诏指责杨骏谋反,突然袭击,杀死杨骏,夷灭三族,又废

---

① 《晋书》卷三十一《贾后传》。

杨太后为庶人,不久逼她自杀。这就是所谓"前至三月灭汝家"。

但权柄仍未落到贾后手中。经朝廷推举,由司马亮和元老卫瓘执政。二人觉得司马玮桀骜不驯,刚愎难制,命他回归封地,引起司马玮的不满。贾后又利用这种矛盾,下诏命他率领禁军杀死司马亮、卫瓘。事成之后,却又否认有这么一道诏书,反诬司马玮矫诏擅杀大臣,于是又杀死了司马玮。八王之乱便由此开始。这八王是:

> 汝南王司马亮,楚王司马玮,赵王司马伦,齐王司马冏,长沙王司马乂,成都王司马颖,河间王司马颙,东海王司马越。

八王之乱围绕着最高权力的轴心旋转,你方登台我下场,轮流入朝执政,有的甚至直接篡位,权力中心不断转移,令人莫可适从。这是后话。

现在大权完全操纵在贾后手中,她躲在深宫,发号施令,由亲党贾模、贾谧出面,于是新的外戚专权代替了旧的外戚专权。同时,贾后又起用了张华、王戎、裴頠等人执掌朝廷机要,与贾家共同辅政。张华虽有治国才能,但出身平民,根柢不深,易于制约;贾后的母亲原为裴頠的姨母,王戎也与贾氏有姻亲关系。这些人是先朝旧臣,资格深,经验多。因而此后的八九年间,虽上有昏君奸后,朝野也还安定。

王戎的官职是尚书仆射兼吏部尚书,与张华、裴頠等同为宰辅。他起初似乎还想有番作为,创行了"甲午制",规定选拔官员应先治理百姓,在实践中考查,检验工作能力,然后酌情决定去取。按说这不失为一种选拔人才的好方法,也可看出王戎的头脑中并不只是一片玄虚,还有一些法家的东西呢!但可能在实行的过程中,在当时的风气下,并不能像设想的那么简单,有人利用这个机会奔竞请托,疏通贿赂,王戎反而被奏了一本,说是"驱动浮华,亏败风俗,非徒无益,乃有大损,宜免戎官,以敦风俗",幸亏他与贾后有点姻亲关系,才未予追究,但这项用人制度的改革却流产了。

王戎年已花甲,饱经沧桑,他审时、度势、量己,深知政局的险恶,态度转向消沉。此后他虽继续负责选部,却只在世家大族中选拔官吏,平衡各家各派的利益,不论实际能力。他与贾氏以及后来走马灯般轮流执政的诸侯王都保持一定的距离,不即不离,不近不远,既不做反对派,也不做亲信。朝廷大事一概不关心,即使废杀太子也不发一言。他知道凭着自己的资历与门第,只要不卷入某一派别,就总少不了高官厚俸。他的这种处世态度,被后人责难为"与时舒卷""与时浮沉"。

这里顺便提一下,就在贾后发动一系列政变那一年,司马越封为东海王,司马睿(后为晋元帝)封为琅邪王。王导出任了司马越的参军,又与司马睿关系密切。这二人对晋室以后的局面,对王导以后的仕途功业,都是关键人物。那年他二十五岁。

失算的政治联姻

在此后的政治风云中,王衍的态度比王戎主动得多,成为王氏家族活跃在西晋后期政治舞台上的主角。他与王戎不同。他还年轻,贾后开始专权那年他才三十多岁。在此之前,他只不过是一个享有盛誉的名士罢了,没有高位,没有资望,因此他需要进取。他青年时代好谈纵横之术,后来虽绝口不谈,但深隐的竞进心是不会消泯的。

事变给他带来了机遇。以前他不过任一般官职,贾后专权后很快登上尚书令的高位。这大约因为他的妻子郭氏是贾后的舅舅之女,他利用了这层裙带关系。在贾后方面,也乐于起用像他这样在士林中极负盛誉的名士,以笼络其他世家子弟。

为了巩固和提升自己的政治地位,他与贾氏以及皇室结成新的联姻,而且都由贾后亲自做主。不过对于王衍来说,这却是失算的政治联姻。他有两个女儿,大女儿比较漂亮,嫁给贾后的侄儿贾谧;小女儿名叫惠风,长相一般,嫁给太子司马遹。太子知道这是贾后的主意,很是不平。

贾后早就把太子看作眼中钉。如果她能适可而止收敛自己,把权柄抓到手中也就算了,不再打太子的主意,那么晋室也许能较平稳些,她自己也能把权力维持得更久些。但她听说太子对自己心怀怨恨,并与贾谧不和,而贾谧又极受她的宠爱,便决计废掉他。元康九年(299年)十二月,她以卑鄙手法诬陷太子谋反,废为庶人,连同惠风等一起软禁在洛阳西北角的金墉城。王衍见太子得罪,生怕受到牵累,便上表请求与太子离婚,得到贾后的同意。而惠风却与太子有了感情,知道此一别便是永诀,失声恸哭。

第二年正月,贾后又下令将太子迁徙到许昌宫,并且不准太子原来的官属送别。王敦当时为太子舍人。当太子离开洛阳向许昌进发时,只有他和其他几人在路侧流泪拜送。看来这位被称为"蜂目豺声"者,却比那位风流名士更重感情些。

太子到许昌后,给惠风写了一封信陈诉自己的冤枉,希望王衍帮助审理。王衍自然不会这样做。三月,贾后又令人将太子杀死。于是"南风烈烈吹黄沙"的谶语应验了。

贾后的倒行逆施激起朝野人士的一致愤慨,也把她自己推向穷途末路。就在太子被杀之后一个月,又有新的"英雄"乘机而起。掌管宿卫禁兵的赵王司马伦在谋士孙秀的策划下,利用人们普遍的愤慨情绪,率兵杀死贾后,辅政大臣张华、裴頠也做了这个阴险女人的殉葬品。王戎老谋深算,陷得不深,早年又有恩德于孙秀,只是罢了官职,免除一死。王衍不用说要比他惨些,单是他与太子离婚的见风使舵、绝情无义的那步棋就逃不脱人们的谴责、弹劾。不过还好,总算保住了性命,只被宣布"禁锢终身"——即终生不复起。这真是"机关算尽太聪明",算来算去,到头来反把自己算了进去。

不过,八王才仅仅死了两个,还有一大半没有登台呢。厮杀与火并的闹剧尚远远没有演完,因此对于王戎、王衍来说,这也不是最后的结局。

滑稽的免祸计

现在权力中心又转移到司马伦手中。司马伦的胃口比贾南风还大,他并不满足于执政大臣的地位,不满足于有帝王之权而无帝王之尊。于是,在废杀贾南风的第二年(301年)正月,便逼迫司马衷让出金銮殿,美其名曰"禅位",他自己做了皇帝。司马衷这位呆皇帝,过去只是高高在上一任别人厮杀,自己乐得坐山观虎斗,这次却闹到他的头上来了。他与皇后被迁到金墉城居住,还给了一个"太上皇"的美名。不过太上皇、皇帝对他来说都一样,反正都有名无实,任人摆布。

王衍与司马伦的关系一向不好,他瞧不起司马伦的为人,现在司马伦做了皇帝,有了名正言顺的生杀大权,把自己置于死地是轻而易举的事情。于是他便想出一条免祸的妙计:装疯卖傻,砍伤一位丫鬟。司马伦果然不再把他放在心上,只是这位可怜的丫鬟平白无辜地做了牺牲。

王戎也演过一场滑稽的免祸计。

司马伦篡位以后,进一步打破了诸侯王之间的平衡。过去大家同样为"王",平起平坐,现在突然有一个凌驾一切的"帝",其他人自然不服。镇守许昌的齐王司马冏首先发难,传檄讨伐司马伦,得到成都王司马颖、长沙王司马乂的响应,三王联兵向洛阳进发。另外还有一位镇守关中的河间王司马颙,本想出兵援助司马伦,看到三王的势头很大,也倒向了讨伐司马伦的一边。请注意:至此,八王已经出场七个。

在诸王联军强大声势的威压下,司马伦小朝廷内部发生了分裂,一些握有兵权的将领从金墉城迎回晋惠帝,反而把司马伦投向了金墉城,后来又下诏赐死。司马伦喝下了那杯自酿的"金屑苦酒",成为八王中第三个死者。

六月,司马冏入京辅政,一切又恢复了常态,司马衷仍然当他有名无实的皇帝。王戎因为是被司马伦所"迫害",现予平反,为尚书令。王衍为中书令。"禁锢终身"当然不过是一句空言,一纸空文,司马伦连自己的终身都保不住,哪里能够禁得了别人的终身!这里要一提的还有王敦,他因哭送太子事受到监禁,却也赢得了美誉,司马伦执政时提升为黄门侍郎。司马冏起兵讨伐司马伦,他又说服任兖州刺史的叔父王彦起兵响应,二人都算立下功勋。惠帝复位,任命王敦为广武将军、青州刺史,时年三十六岁。他的一生事业,严格说来自此才算起步,因为拥有了真正的实力。

司马冏执政时间略长一点,但他也不足以平衡各种势力,首先就不能使诸侯王心服,何况他在权力再分配时不能摆平,分赃不均,于是过了一年(302年)的十二月,司马颙从关中出兵,司马乂在洛阳内部响应。司马颙手足失措,向王戎问计,王戎建议放弃抵抗,交出权力,回到自己的府第,仍旧不失养尊处优。司马冏的一个谋臣厉声喝道:"汉魏以来,王公回府,有几个能够保住妻子?出此策者,应当斩首!"

王戎一向谨慎,现在自知失言,吓出一身冷汗,连忙装作解手跑到厕所,又佯装所服食的五石散药性发作,堕入厕中,虽然弄得一身腥臭不堪,却保住了性命。

那位谋臣的话不是没有道理的,剧烈的权力斗争的失败者确实很少有好下场。不过对于司马冏来说,他抵抗也是死,认输也是死——果然他为司马乂所杀,成为八王之乱以来第四个被杀者。

动乱与权位

厮杀还在持续。

司马冏死后,留在洛阳执政的是司马乂。没过多久司马颙与司马颖又嫌他"论功不平",联合进攻洛阳。司马颖的来势尤猛,共调集了二十万大军,再加上司马颙的七万,与司马乂连战两个多月,正在难分难解之时,"八王"的最后一个东海王司马越突然跳了出来,在洛阳内部率领禁军拘禁了司马乂,后来又交给司马颙的部将,被活活烧死,成为第五个权力的殉难者。那是永安元年(304年)正月。

现在由司马颖出任丞相。他是司马炎的第十六子,自封为皇太弟,要做皇权的合法继承人,但又觉得在洛阳易成众矢之的,便退回自己的根据地邺城。七月,司马越挟持晋惠帝进攻邺城,王戎也随大军"御驾亲征",不料被司马颖打得大败,司马越逃回自己的封地,皇帝被俘,王戎也随之进入邺城,洛阳则被司马颙占领。八月,邺城为其他方面的军队攻破,司马颖在那里失去了立足之地,与惠帝仓惶逃奔洛阳,王戎随行。洛阳控制在司马颙手中,他又挟持惠帝来到长安,王戎则逃奔到郏县(在今河南)。在长安,司马颙废掉了司马颖的皇太弟封号。十二月,又以惠帝的名义下了一道诏书,其中说:

> 以司空(司马)越为太傅,与太宰(司马)颙夹辅朕躬。司徒王戎参录朝政,光禄大夫王衍为尚书左仆射……①

由此诏可以看出,王氏的权位在当时已仅次于皇室,没有其他家族可以与之相比。王戎、王衍的职务都相当于宰相。只是王戎已经无法行使他的权力——他于第二年(305年)六月病死于郏县。

七月,东海王司马越起兵进攻关中,打败司马颙,将晋惠帝迎回洛阳。不久,司马越相继杀掉了司马颙、司马颖,这样"八王"只剩下司马越一人。他笑在最后,权力落在他的手中。与权力形影相伴的是,他要承担起八王之乱的后果与责任,这巨大的重负终将把他压垮。

历时十六年的八王之乱到此宣告结束。这真是一场昏天黑地的萧墙之祸!八王之乱是一场争夺最高权力的斗争,因为皇帝实际上只是傀儡和象征。这场混战之所以如此旷日持久,从权力学来说,是因为没有一个人能够平衡各种势力,使其他人心服口服。大家轮流坐庄,但当一

---

① 《晋书》卷四《惠帝纪》。

个人登上台时，其他人又可以联合起来把他打倒。掌握最高权力需要有凌驾一切的威信和实力，辅之以驾御一切的手段。八王都不具备这些条件，他们基本上平起平坐。司马越之所以最后能够保住权柄，只是因为对手都已经互相拼杀殆尽的缘故。

在这场混战中得益的是王氏，他们的权位有增无减，他们的处境有惊无险。八王之乱中有不少名士被杀，王氏却没有损伤一根毫毛。更重要的是，他们锻炼和培养了一批新生力量，准备去为国效力，同时也攫取更大的权位。八王之乱使王氏稳稳地上升为头号世族，其他在晋初曾比王氏显赫的大族都相形见绌。动乱对于一些人是灭顶之灾，对于另一些人却是最好的机遇。"社稷不幸佞臣幸"。王氏子弟当然算不上佞臣。他们能够把握形势，把握机遇，也把握自己。他们不与暂时的权力中心靠得太近，以免陷得太深。他们虽然介入了争斗，但没有实质性的介入。即使王衍的政治联姻也不算过分，而且一个女儿嫁外戚，一个嫁皇家，左右都可逢源。这与参与密谋策划的张华、裴𫖮有原则上的不同。所以，王氏在混乱中的壮大决非偶然。

清谈误国

王戎死后，王衍成为王氏家族的头面人物，也是东海王司马越最倚重的助手。对于司马越来说，过去是"兄弟阋于墙"，现在要由他一个人"外御其侮"——八王之乱的一个直接结果，就是开启了所谓"五胡乱华"的更加混乱的局面，他必须单独承担八王所造的罪孽。这样，王衍也面临着新的考验。

司马越用名士

光熙元年(306年)八月,司马越为太傅、录尚书事,单从这个名号就可以看出他的权势。从东汉后期开始,皇帝继位往往置太傅、录尚书事。"录"为总领之意。录尚书事独揽大权,无所不总。魏晋六朝,相沿不改,成为执掌重权的大臣的标志。

司马越好用名士。执政不久,便辟置了庾敳、胡毋辅之、郭象、阮修、谢鲲、光逸、阮瞻、王承等为掾属,负责各方面的工作。其实他们哪个方面都不负责。他们都是当时最负盛名的玄学家、清谈家、放达者和酒鬼,崇尚玄虚,不屑世务。郭象精通老庄,其《庄子注》流传至今,是研究魏晋玄学的重要资料;胡毋辅之、谢鲲、光逸等人以纵酒闻名,合称"八达";阮修常常把钱挂在手杖上,随时随地沽酒豪饮,弄得一贫如洗,直到四十岁还讨不上老婆。所以《资治通鉴》胡三省评论说,司马越用这批人是"采虚名而无实用"。

他们都是王衍的朋友,彼此气味相投。王衍虽不纵酒,却常常与他们谈玄。郭象的《庄》学,阮修的《易》学,都是他所折服的。司马越用名士,当然尤其重用王衍这位名士班头。这年十二月,他推举王衍为司空。第二年他自任丞相,以王衍为司徒,地位仅在司马越之下。

司马越用名士大约有政治上的考虑。八王之乱以来,闹事的都是宗室,他们依仗特殊身份桀骜不驯,难以控制。名士虽放荡而无野心。起用他们,也可以抑制遗存下来的反对势力。再一方面,名士既有名于世,也有笼络人心的作用。

不过司马越似乎也真诚地崇尚名士,崇尚他们的风度仪表与谈吐。他曾写信给阮瞻等人,说自己的儿子司马毗"既无令淑之质,不闻道德之风,望诸君时以闲豫,周旋诲接"。① 这些话不像是虚情假意,他真心希望儿子具有名士的风度与气质。

不过名士的所长毕竟是谈玄,如果让他们理政,却正是用了他们的所短。

狡兔三窟

晋惠帝司马衷的帝王生涯也真够可怜,他一上台就遇上贾后乱政,继而是八王乱国。八王之乱刚刚结束,刚要过上点安定的日子,他便死去了。接替他的是晋怀帝司马炽。第二年为永嘉元年(307年)。这对于有晋一代,对于王氏家族,都是具有关键意义的一年。

司马越作为武人,首先看重的是谈玄名士;王衍作为名士,首先看重的却是现实。担任司徒不久,他就向司马越说中原已乱,应该选用文武兼资的人才镇守军事重地。经司马越同意,他以王澄为荆州刺史,王敦为青州刺史。荆州是长江上游的重镇,青州所辖为今山东半岛。王敦此前曾做过青州刺史,后来迁为中书监,这是他第二次出任青州了。事后王衍曾对王澄、王敦说:"荆州有江汉之固,青州有负海之险,你们二位在外,我留在朝廷,可以说是狡兔三窟了。"这番话传了出去,受到时人的鄙薄,后来记在史书上,又受到千载以下人们的鄙薄。

不错,王衍的这番部署确有为自身计、为家族计的私心。他要与王澄、王敦形成内外呼应、彼此声援的犄角之势,已经露出"王与马,共天下"的苗头。但是事情也不尽如此。中原已乱是当时的现实,匈

---

① 《晋书》卷四十九《阮籍传》附《阮瞻传》。

奴、鲜卑等胡人的力量不是八王所能比拟的,他们问鼎中原的野心彰明昭著,所以这番部署其实就是第二道防线,是他给司马越所上的"治安策",并与司马越达成了共识。只是他用的都是自家人,特别是用了王澄这种不堪大任的放达者,便有公私两便之意。他还曾对王澄、王敦说过：

> 今王室将卑,故使弟等居齐楚之地,外可以建霸业,内足以匡帝室,所望于二弟也。①

齐指青州,楚指荆州,"建霸业"是自己的功名,"匡帝室"是社稷的存续,所以王衍也不完全只为"门户私计"。

我们再看司马越与王衍的第三道防线,就可以更明白他们的用心,这便是在同一年派琅邪王司马睿为安东将军、都督扬州江南诸军事、镇建业(今南京市)。司马睿原镇下邳,现在移到了长江以南。至于这步棋的形成,有位学者分析说：

> 南渡问题不是一人一时的匆匆决断,而是经过很多人的反复谋划。概括言之,南渡之举王氏兄弟曾策划于密室,其中王旷倡其议,王敦助其谋,王导以参东海王越军事,为琅邪王睿的关键地位主持其事,裴妃亦有此意,居内大力赞助；最后决策当出自司马越与王衍二人,特别是司马越。②

---

① 《世说新语·简傲》篇注引《晋阳秋》。
② 见田余庆《东晋门阀政治》。

王旷是王羲之的父亲,时为淮南太守;裴妃是司马越的妻子,与王衍也有裙带关系。由此可见,王衍及其他王氏子弟对于晋室的命运,已经起到了主导作用。王导与司马睿更素相友善,现在也随之到了建业,尽心辅佐,开辟江南,为晋室开创另一种局面,也为自己创建着"霸业"。司马睿本是司马越的亲信。这样,司马越——王衍——司马睿——王导、西晋——东晋,便画出一条明晰的线索。对于王氏家族来说,那象征着权势的无形的"宝刀"从王览传到王衍,又由王衍还给王览的孙子王导,也同样画出一条明晰的线索。

名士元戎

以上的部署,并不能说明司马越、王衍立即要放弃中原、退保江南。从后来的事实可以看出,不到万不得已他们是不会走这步棋的。他们虽然都不是安邦济世的补天手,但也不至于那么轻易认输。

这样他们就面临着严酷的局面。早在晋惠帝永安元年(304年)八王之乱中,氐人首领李雄在成都称王,匈奴首领刘渊不久也建立汉国,自称汉王。羯人首领石勒也趁机起兵,归附刘渊,受其指挥。五胡十六国的局面便由此发端。晋怀帝永嘉二年(308年)三月,汉人王弥在青州一带起兵,攻城略池,发展到数万人,向北进发,四月进入许昌,五月打到洛阳城下,屯于城东的津阳门。朝廷震惊,命王衍负责防卫。部将北宫纯组织了百余人的敢死队突击王弥的阵地,取得大胜。王衍又乘王弥后撤之机纵兵追杀,又获大胜。王弥投奔刘渊。这是王衍平生指挥的第一个胜仗,因而升为太尉。

但这仅是一个局部的小胜利,只不过解除了京师之围,整个局势却越来越危急。王弥收拾残部,更图发展,兵力大增。石勒的军队也发展到十余万人,经常骚扰河北、洛阳一带。永嘉四年(310年)十月,石勒攻占了长江以北的许多堡壁,形成对洛阳的包围之势。洛阳城内粮食匮乏,人饥马困。朝廷虽派遣使者以羽檄调集援军,但大部分方镇自顾不暇,哪里还顾得上"勤王"!即使有一二处前来入援,半路也被打败,无法接近洛阳,更不用说解围了。朝野人心惶惶,有人提出迁都避难,王衍以为不可,卖掉自己的牛车,表示誓与京师共存亡,以安定人心、军心。

到十一月,司马越看到洛阳实在支撑不下去了,与其坐以待毙,不如另寻出路,便成立了一个尚书行台,以王衍为军司,挑选了四万精兵良将向东南撤退。他的打算是:分散敌人包围洛阳的兵力,减轻洛阳的压力;寻找机会破敌;即使洛阳万一陷落,自己也保存下一股实力。不过他仍将妻、儿留在洛阳,似乎也并不打算放弃。第二年(311年)三月大军行至项城(今河南沈丘县),司马越忧惧成疾,将后事托付给王衍,不久死去。

现在六军无主,众人推举王衍为元帅。王衍素无担当之心,推说自己不堪重任,请襄阳王司马范担任。司马范也极力推脱,二人推来推去,最终没有定下,不过实际上还是王衍为主。这样,数万将士的命运和晋室的存亡,便系于这位清谈名士身上。

大墙下的追悔

王衍一生依违于政治斗争的夹缝之中,从未独当一面,更无军事经验,显得手足无措,只得先下令秘不发丧,将司马越的尸体敛棺载于车上,向其封地东海(今山东郯城)进发,准备葬在那里。但消息早就传了出去,石勒的大军紧追不舍,到苦县宁平城(今河南郸城县东北),追上了这支丧魂落魄的军队,四面包围,万箭齐发。晋军将士乱作一团,互相践踏,尸积如山。这样,晋军的主力全军覆灭,王衍等人也被俘获,带到石勒营中。在这里,王衍写下了一生最不光彩的一页,暴露了他那苟且偷生的卑怯灵魂。

他被带去见石勒。当时他已五十六岁,但仍不减当年风姿,石勒也不觉生出几分敬意,与他一直谈到傍晚。石勒问晋室何以会到如此境地,王衍便一五一十地陈述了从杨骏专权、贾后乱政、八王乱国以来的历史,以及天下治乱兴衰的教训,极力为自己开脱。石勒虽出身贫苦,未读过书,但极其聪明,又有大志,留心天下治乱兴废之道,听得津津有味。王衍见状,进一步陈说自己原是一介书生,崇奉老庄,淡泊无为,没有仕宦之心,只是随波逐流而已,料想不到登上这样的高位,违背了自己的初衷。他又乘机向石勒进计,劝他利用这个千载难逢的良机,称尊号,做皇帝。总之,只要能保住一条性命,他是什么话也讲得出来的。不料石勒听了大怒,喝道:"你名盖四海,身居高位,少壮登朝,直至白首,怎么能说没有仕宦之心?贻误天下,正是你的罪责!"命令左右将他押出,关进一所民房内。石勒虽爱慕他的风流,却鄙薄他的为人,令人夜晚将墙壁推倒,给他留下一具完整的尸体,免得身首异处。

此夜,王衍一个人呆在这所简陋的民房内,但见四壁萧然,也不知明日是死是活,心中忐忑不安。忽听得轰隆一声巨响,四面的墙壁向头上压来。他知道最后的时刻已经到来,闭上眼睛。这一瞬间,一幕幕往事飞速在脑海闪过,不觉在墙底呻吟说:

第二章　玄诞兄弟

> 呜乎！吾曹虽不及古人，向若不祖尚浮虚，戮力以匡天下，犹可不至今日。①

这些话和王衍一生的行事，被后人概括为"清谈误国"四字，受到严厉谴责，背负着千载恶名。笔者在这里想为他开脱几句。不错，王衍一生可称道者不多。他浮夸，竞进，苟且偷生，无责任心。作为一个名士，他没有什么哲学建树；作为一个官僚，他又没有什么政治功勋。但如果把"误国"的罪名全推到他头上，不但夸大了他的作用，也开脱了司马氏的责任。让我们回头想一想，西晋衰亡的根子到底何在？那不能不追溯到一个痴憨皇帝的上台。在此之前，西晋建立才不过二十多年，统一全国更不过十年，应是方兴未艾时期。晋惠帝只要是一个中才之君，天下恐怕也会相安无事。试想即使像贾后这样的暴虐的女人，又名不正，言不顺，有了张华、裴頠、王戎等才能平平的大臣辅佐，竟能赢得十年太平！八王旷日持久的混战导致了永嘉以后的乱局，但八王中哪一个是清谈名士？包括王衍在内的清谈名士又哪一个是混战的主角？哪一场厮杀又与清谈有关？清谈驱动了浮竞，败坏了风气，但西晋的一切变局都围绕着争夺最高权力发生，与清谈无涉。桓温曾说中原倾覆，"王夷甫（衍）辈不能不任其责"。他说得不错，王衍等人是有责任的，但不是根本责任。根本责任在晋室本身，包括君主、宗室、外戚，尤其是以痴憨者为皇帝一事。这样一来，更深的根子又要到绝对的君主世袭制度中去寻找。

不过王衍对于王氏家族来说却已经尽到了责任：他所传承的权力

---

① 《晋书》卷四十三《王衍传》。

"宝刀"将在东晋闪光。他的一页已经翻过去了,王氏家传将翻开新的一页。

一个任诞者之死

在翻开新的一页之前,我们先要交代一下王澄这位任诞者的死。按照历史事变的进程,这一章只能写到公元311年,而王澄死于312年,与本章的时限不合。但是第一,王澄的思想与作风的类型不属王氏的新一茬人物,只能属于本章;第二,叙述他的死,也算给这一对玄诞兄弟作个了结。

王澄死于自己的任诞。前面已经说过,他在王衍的举荐下出镇长江上游的军事重地荆州,上任后纵酒放达,不理军政要务,也听不进部下的规劝。他为人又很残忍,巴蜀来的流民因与当地人不合,一怒之下杀死县令,聚众谋反,王澄派兵讨伐。流民请求投降,王澄口头答应,却发动突然袭击,将八千余人投入水中,将他们的妻女赏给官兵,激起他们的愤怒与反抗。就在王衍被杀的这一年,流民四五万家一时俱反,推杜弢为首领,攻城略地,勇不可当。王澄并不在意,仍与人日夜纵酒,致使上下离心,众叛亲离。正在此时,镇守建业的琅邪王司马睿征聘他为部属,真是天赐良机,使他可以逃脱责任,便立即向建业进发。

这时王敦正任扬州刺史,不久他又进号为左将军,杜弢之乱时进驻豫章(今江西南昌),负责征讨。王澄顺路前去拜访。王澄为人傲慢疏狂,名声本在王敦之上,加上有武功,力气大,并不把王敦放在眼里,言词之间常加讥刺羞辱。王敦也是桀骜不驯、刚强自尊的人,十分恼火,决心要杀掉他。但王澄早有防备,手中总是拿着一个玉枕以自卫,又有二十几个随从手持铁鞭不离左右,使王敦无从下手。这天,王敦设宴款待王澄及其随员,待到都已喝醉,便向王澄借过玉枕观赏,然后突然跳下床去,指责王澄与杜弢暗中勾结。王澄这才发觉中计,一把抓住王敦的衣服,连带子都扯断了。此时,王敦的力士拥上前来,王澄跳上屋梁大骂,终因寡不敌众被杀。

这可以说是对王祥的遗训"兄弟怡怡,宗族欣欣"的嘲弄,开了族人相残的先例。

好吧,现在让我们掀开新的一章。

第三章 王与马,共天下

(晋元)帝初镇江东,威名未著,敦与从弟导等同心翼戴,以隆中兴,时人为之语曰:王与马,共天下。

——《晋书》卷九十八《王敦传》

时　　间:两晋之际(约公元311—339年)。
主要人物:王导,王敦。

与前两章相比,本章的背景发生了变化:从寥廓的北国变为明丽的江南,从滔滔黄河变为滚滚长江,从洛阳变为建康,从孝友村变为乌衣巷。

政治思想背景也发生了变化:从统一王朝变为偏安一隅,从外戚、宗室轮流专权变为门阀世族相继执政,从清谈玄学变为玄儒双修。

发生变化的还有登台的主角:从王戎、王衍这对堂叔兄弟,变为王敦、王导这对堂叔兄弟。

王为马,定天下

本章上限虽为公元311年,但有些事情须追溯得更远一些,因为"话分两头,花开两枝",前章在叙述八王之乱以后晋室的风雨如晦和司马越、王衍的死不旋踵时,对江南的情况无暇顾及,现在应予补充。

从孝友村到乌衣巷

应当追溯到公元307年(永嘉元年)。这年根据司马越和王衍的部署,琅邪王司马睿由下邳移镇建业,王导也随之南渡,成为他最得力的谋主。

移镇江南主要是王氏兄弟的主意,所以继王导之后,他们都陆陆续续来到建业投奔司马睿,仅举后文还将涉及到的几个主要人物及其来到江南之后的最初官职如下:

王敦:司马睿召为安东军咨祭酒,旋为扬州刺史。

王含：王敦兄，庐江太守。

王舒：王会子，司马睿镇军参军。

王廙：王正子，司马睿镇东司马。

王彬：王廙弟，司马睿镇东参军。

    这些人都是王导的堂叔兄弟，王览的嫡孙。他们渡江，自然携带了家眷妻小，于是江南又成长起他们的小儿辈，如王羲之①、王彪之、王胡之等，都是在十岁左右随家南迁的。另外还有些小儿辈出生在江南。于是，王氏的香火便从北方接续到南方。

    渡江的王氏子弟大都居住在建业的乌衣巷中。那里还住着其他大族，如陈郡谢氏等。这些从北方来的家族成为侨姓士族，以区别于江南的原有士族，也表明他们只不过在此暂且栖身，且把他乡作故乡。但久而久之，一代一代，他乡也就成了故乡。比如对王氏来说，乌衣巷更是他们荣华富贵的标志。说到乌衣巷，人们立即会想到王谢风流；而说到那偏僻、冷清、谦卑、默默无闻的孝友村，除了当地人外，恐怕没有多少人知道那才是王氏的根。

    渡江的世家大族不能只住在京邑，他们需要土地，需要田园，需要俸禄之外更丰富的物质生活供给，需要官场得志之后的休憩之所，需要仕途失意后的慰心之地，总之需要安顿精神，于是他们便着手开发江南的土地。为了不与江南原有世家大族的经济利益发生冲突，他们一般不在

---

① 王羲之父亲王旷为西晋淮南太守。司马睿镇江东，王旷首创其议。但其在司马睿府中未任官职，且公元309年率兵与匈奴刘聪之战后未见史书记载。王羲之当随叔父王廙、王彬渡江。

已被开发的太湖流域求田问舍,而去开发东土——浙闽一带,特别是会稽(治所在今浙江绍兴市)更是他们注目的地方。王氏在这里的田园土地尤多。他们一般居住在治所山阴。浙东、会稽、山阴的旖旎风光,是北方、琅邪、孝友村所难以比拟的。在以后的叙述中,我们会看到名士们对这些令人应接不暇的自然风光的赞美,其中有些诗意盎然的赞语流传千古,脍炙人口,益发给这些自然风景抹上了人文色彩。总之,他们在这里沉醉,在这里游憩,也有的在这里隐遁。王羲之的事迹与传说,在这里流传的比临沂还多;会稽山阴之兰亭对于书法史来说,比琅邪临沂之洗砚池更著名。

不过,中国人向来有很难消泯的乡土意识,他们并没有忘记自己的根,总是称自己为琅邪王氏。这真应了王祥当年称赞两个早亡的儿子时所说的话:

不忘故乡,仁也;不恋本土,达也。①

当公元307年王导初渡长江之时,曾经请诗人、占卜家郭璞预卜王氏家族今后的吉凶祸福,那位预言家说:

吉,无不利。淮水绝,王氏灭。②

淮水即秦淮河。这流淌着六朝金粉的河流已经代替了那朴实的默默奔

---

① 《晋书》卷三十三《王祥传》。
② 《晋书》卷六十五《王导传》。

流着的孝感河。不,孝感河是他们的源,秦淮河是他们的流。王导听了郭璞的预言十分高兴,因为他觉得淮水无疑将永远流淌。岂知淮水也真有绝的时候,王氏家族也有灭的时候,不过那是几百年以后的事了。

新支点

现在无论于公于私,于晋室的振兴和个人的事业,王导都是立在新支点上。这新支点首先就是江南的半壁江山,它将要对抗北方的胡尘。但王导知道,比这半壁江山更要紧的支撑点是江东人心,首先是为政不能得罪的巨室即江东世家大族的心,它比江南的深山大泽、曲径细流更幽深难测,但却必须加以争取、征服,否则将难以在这里立稳脚跟。

必须先树立司马睿的威望与尊严,建立对他的个人崇拜与顶礼,把他当作一尊偶像供奉起来。司马睿渡江那年三十二岁,比王导小九岁。他是司马懿的曾孙,司马炎的堂侄,袭父爵为琅邪王,与皇帝一支的关系既比较疏远,本身又无殊勋,因而不被江南士人所重,到建业上任已经一个多月,还门庭冷落,没有人上门拜访谒见。他自己也缺乏自信,曾经对人说他到这里来犹如鹊巢鸠占,很不自安。可见他还缺乏一种主人公意识,没有理直气壮地把自己看作是这里理所当然的统治者。王导要树立他的威严,而树立威严的最好办法莫过于朝会。那庄严隆重的朝拜仪式,那古老肃穆的韶乐,那不敢仰视的巍巍宝座,那虔诚卑恭的三跪九叩礼,都令人不能不心悦诚服君临一切的人主权威和不容置疑的天意。但司马睿还不是人主,北方还有一个晋怀帝,王导不敢僭越,他只能另想别法。一晃就是第二年(308 年)春天,古老的三月三日上巳节快要到了,官民们将倾城倾村到郊野水边修禊祈福,这无疑是一个制造舆论的良机。恰巧王敦此时有事前来,王导便与他一起作了部署。三月三日这天春光明媚,司马睿乘着平肩舆出城观禊,神态庄重自信,王导、王敦以及其他南渡名流骑马谦恭地跟在后面,一个个气宇非凡,不愧是中原衣冠风流,再加上一套盛大的仪仗,威风极了。所到之处,观者如堵。江南世家大族的头面人物纪瞻、顾荣等也夹在人群中暗暗观望,他们看到王导、王敦等赫赫有名的中原衣冠对司马睿如此倾心拥戴,也不觉肃然起敬,争先恐后在道旁拜迎。

王导都看在眼中,他知道树威之后还要树恩,便建议司马睿虚己待人,礼贤下士,首先应当安抚好顾荣、纪瞻这些代表人物,才能结纳江南的人心。司马睿让王导亲自出面造访,请他们出来做官。他们也受宠若惊,相继应命。自此,江南士人日益归心于司马睿,尊崇拥戴犹如君臣。

王导自己也有意与他们搞好私交。他曾打算与一位江南名流结成儿女亲家,但被婉言拒绝,说是不能"乱伦"。当时,南人与北人在心理、习俗等方面还存在隔膜,文化思想上的融合比政治上的服从更难,这条无形的鸿沟,需要由时间来填平。不过事虽不成,他们还是觉得王导平易亲近。语言是思想文化的载体,为了与南人沟通心灵,王导还学说吴语,尽管他讲得南腔北调,很不地道。

王导的这些努力发生了作用,江南大多数士族愿意与他合作,共同稳定南方的政局。

百六掾

还有一些人也需要好好安抚,这便是陆续过江的中原士人。

当司马睿初镇建业之时,有些人士也看出北方已经很难保住,再加上王氏兄弟在朝野的影响力和带头作用,便纷纷渡江投靠司马睿。永嘉五年(311年)三月,石勒在苦县宁平城消灭了晋军主力,俘杀了王衍。六月,刘曜(刘渊侄)和石勒、王弥的联军攻克洛阳,纵兵烧掠,杀死王公士民三万余人,俘获晋怀帝司马炽,旋即杀害。永嘉七年(313年)四月,秦王司马邺在一些将领的拥戴下即位于长安,史称晋愍帝。从此建业为了避司马邺的名讳,改称建康,我们以下也便称之为建康。

洛阳城被攻破以后,不但这座古老的都城化为灰烬,整个北方也饱受了胡骑的践踏蹂躏,只有江南还算是一方安宁的土地,遑遑如丧家之犬的江北士女向这里大批涌来,其中有许多是世家子弟和名士,也有些是失守丢官的西晋官员。王导知道,这批人如果安置得好,将是一股有用的力量;反之则将不利于江左政治秩序的安定。于是便说服司马睿优遇他们,委以官职,共图大事。司马睿采纳了他的意见,几天之内,便从中征辟了一百零六人为掾属,时称"百六掾",如刁协、王承、卞壶、诸葛恢、庾亮、周顗等,其中有的后来成为王导的政敌。

渡江名士的心态是颓丧、低沉、悲观的,他们亲身经历了北方的动荡丧乱,远离熟悉的家园,深知回归无期,充满伤感情绪。当名士王承南下经过下邳时,登山北望,叹息道:"人们都说愁,如今我方知愁的滋味!"当名士卫玠告别兄长,扶携老母即将南下时,面对大江,神色凄恻,转身对送行的人说:"看到这一片天水茫茫,不禁百感交集!人都不免有情,谁能不伤感呢?"

王导知道这种消沉情绪犹如腐蚀剂,它瓦解着人们的勇气,动摇着人们的信心,必须阻止它的弥漫,振奋起人们的精神。有一天他与名士们来到长江边上的新亭饮酒观景,席间,名士周顗起来眺望江北,感慨说:"风景依旧,江山家国已非复往昔!"其他名士听了,也勾引起家国之思,相对流泪,欷歔不已。王导正色说:"诸位当戮力王室,克复神州,天下事还不至于不可收拾,何必如囚徒般相对哭泣呢!"这一番话入情入理,义正词严,说得名士们低头不语,深感羞愧,从此至少在王导面前,不好意思再流露悲观情绪。

其实王导自己也深深知道,所谓"克复神州"云云,不过是自慰自励罢了,真正做起来谈何容易! 他与司马睿都并不抱这份奢想,只要能保住江南的半壁江山,便已经差非易事了。这种以保住江南为满足的保守战略一经确定,便影响到世世代代人,所以直到南朝之末,虽然有过几次北伐,但始终没有改变南北分裂的格局。

王导知道自己现在是江东的主心骨,人们的眼睛盯着他,他的一举手一投足、一笑一颦都有举足轻重的感染力量,所以无论他心里的真正想法如何,至少表面上必须做出很有信心很有办法很有希望的姿态,才能稳住人们的情绪,这果然奏效。比如名士桓彝过江以后,看到江南的力量如此空虚单薄,不禁大失所望,对周𫖮说,他因为中州多故,才到此寻找一条出路,但像现在这种样子,有什么指望呢? 后来他去拜访王导,二人谈了半天,出来以后态度大变,精神振奋,把王导看作像春秋时管仲(字夷吾)那样能够辅佐君王建立霸业的人物,兴奋地对周𫖮说:"自从见到江左管夷吾,我的忧虑全然打消了!"就这样,王导又基本上稳住了南渡士人的心。

玄儒双修

但仅仅靠情绪的感染是不能持久的。王导知道,要想从根本上稳定名士们的心理,加强他们对江东政权的向心性,必须更深入调整人们的思想和社会意识形态。

亡官失守的南渡名士们经过最初的消沉与颓丧,逐渐承认和安于既成的状况,于是积习又顽强抬起头来,承传着西晋时期的风气,清谈玄学和任诞放达之风重新弥漫开来。对此王导并没有压制阻止。因为他自身就是一位清谈家,对老庄玄学怀有浓厚兴趣;他认为也无须阻止,在清谈和玄虚的缥缈氛围中可以使名士们消泯客居他乡的伤感情绪。他经常手挥麈尾,与名士们娓娓而谈,直至深夜。在他的带动之下,中原的思想文化在南方生根与传播开来。

另一方面,也有些士人在痛定思痛之后,开始对西晋的衰败与覆亡作理性的反思,把这一切恶果的根源都归结到清谈玄学和任诞放达上去,从而得出"清谈误国"之论。这是南渡之后直到东晋初年思想界的重要特点。首先是陈頵,早在公元311年就上书王导,指出中州所以倾覆,在于用人失当,先白望(虚名)而后事实,加上老庄之俗流行,做官而不理政务被看作高雅,忙碌于政务反被视为俗人,因而必须接受教训,改弦更张,去虚务实,赏罚分明。王导没有采纳。两年以后他又上书司马睿,重申上述意见。司马睿立脚未稳,不愿得罪名士,也没有采纳。

但仍然不断有人发表类似的言论,并逐渐把批评的矛头指向老庄,要求恢复儒学的传统,或者主张调和儒道,玄礼兼综。这股思潮持续的时间很长,一直到王导死后。如戴逵的《放达非道论》,王坦之的《废庄论》,江惇的《通道崇检论》等,单从题目便可大致看出其思想倾向。有的激烈者甚至抨击玄学的始作俑者何晏、王弼"二人之罪,深于桀纣"。

建武元年(317年)十一月,有位名叫戴邈的官员上疏建议"笃道崇儒,以劝风化"。王导已经不能无视这股思潮和要求。同时,作为头脑清醒睿智的政治家,他也不能不承认儒学更适用于治国平天下。于是他便上疏提议兴办太学传授儒家思想。开头几句说:

> 夫风化之本在于正人伦,人伦之正存乎设庠序。庠序设,五教明,德礼洽通,彝伦攸叙,而有耻且格,父子兄弟夫妇长幼之序顺,而君臣之义固矣。《易》所谓"正家而天下定"者也。①

这里所倡导的,完全是正宗的儒家思想。在他的推动下,太学当年便兴办起来,虽然只是有名无实而已。整个东晋,太学总是时兴时废,儒学始终不振。

王导绝不是真正笃诚的儒者,他的心灵深处是老庄的世界,他从骨子里说是玉柄麈尾的清谈名士,至少他的老庄思想比儒家思想浓厚得多,他的重儒兴学之举多半是出于权宜之计。《世说新语·文学篇》说:

> 王丞相(导)过江左,止道"声无哀乐""养生""言尽意"三理而已。

后人简称为"玄学三理",这才是他的兴趣之所在。"三理"都与玄学家嵇康有关,他著有《声无哀乐论》《养生论》流传至今;另据《玉海》记载,他还著有《言不尽意》一文,但现在已经亡佚,无法确切知道其内容,因而不打

---

① 《晋书》卷六十五《王导传》。

算妄加推测。"声无哀乐""养生"二说是嵇康首先提出来的,在当时和后世都曾引起争论;"言尽意"和"言不尽意"的辩论虽不始于嵇康,但他也发表过意见。把这三篇挑选出来放在一起加以发挥而合称为"三理",始于王导,可见他对这位"越名教而任自然"的玄学先辈的推崇,也可想见他所发挥的大致是嵇康的观点。不过这并不重要,重要的是,为什么他"过江左"以后,只谈论这"三理"呢?

如前所述,王导虽是一位热衷清谈玄学的名士,但更是一位重实际有远见的政治家,与王衍之流不同。学术思潮的背后往往联系着政治,特别是像王导这样一位身系江东兴亡的关键人物,他对某个哲学命题感兴趣,更不会是仅仅出于一己的爱好。嵇康的《养生论》主张"养神"重于"养形"。养神就是要"爱憎不栖于情,忧苦不留于意,泊然无感,而体气和平",去掉扰乱心神安宁的种种嗜欲。王导好谈"养生论",大概就是从这点出发,纠正西晋以来士人们耽于纵欲享乐的风气,提倡清心寡欲的生活态度吧。王导本人就很俭朴,仓库里没有多余的粮食,箱子里没有多余的衣服。嵇康的《声无哀乐论》认为声音是外在的客观事物,哀乐是内心的主观感受,二者没有必然的联系,因此儒家所说的"制礼作乐,移风易俗"是不可能的,而应当像道家那样"崇简易之教,御无为之治,君静于上,臣顺于下"。我们后面可以看出,这也正是王导本人的为政思想。所以王导虽然不阻止玄谈,他自己也热衷玄谈,却因势利导,把玄谈引向有益于现实政治。[①]

王导从他的祖父辈王祥、王览那里传承了儒学的因素,又从他的族

[①] 参见陈战军《嵇康与玄学三理》,《中国哲学》第十一辑。

兄王戎、王衍那里传承了玄学的因素，形成了他的"玄儒双修"。

其实他可以说是儒、玄、佛兼综。他对佛教很感兴趣，与名僧过从甚密，谈笑无间。有一位外国名僧康僧渊常常与他谈论佛教教义。此人深目高鼻，王导常调侃他这副模样，他自我解嘲说："鼻子是脸上的山岭，眼睛是脸上的湖泊，山不高不灵，水不深不清。"由此一例，可见他与佛教徒的关系。

江左管夷吾

前面曾经说过，有人曾称王导为"江左管夷吾"，即管仲。这并不全是溢美之词。管仲是名相，他也是名相；管仲辅佐齐桓公称霸诸侯，他则辅佐司马睿奠定了江东半壁河山，从而使晋祚又延续了一百多年。司马睿也很倚重他，尊他为"仲父"，即仅次于父亲的人，通俗地说就是叔父，这正是齐桓公当年对管仲的尊称。司马睿还曾对他说："你真是我的萧何！"萧何是西汉的开国元勋与丞相。司马睿当时还未做皇帝，但从对王导这些尊称可以看出，他其实已经以皇帝自居了。

王导也知道司马睿迟早会称帝，他为司马睿定了两项基本国策，一是"清静"，二是"宽惠"。所谓清静，就是"镇之以静，群情自安"，无为而治，不轻易扰乱百姓。所谓宽惠，就是"务存大纲，不拘细月"，大事清醒，小事宁可糊涂、宽容一点。这两条基本的为政方针，是审时度势总结出来的，因为当时外有强敌，内部南渡士族之间、他们与江南士族之间、北人与南人之间，都存在着龃龉，当务之急是安定稳重。王导终生都实行了这种方针。后来的事实证明，凡是为政苛碎、躁动之时，都往往要出乱子。

王导的为政方针,与他的玄学世界观密切相关,是老子"无为"思想在政治上的运用,也可以称为"黄老政治"。依照黄老学派的逻辑,"道"是自然无为的,但却能产生世间万物,所以又"无不为"。用这种理论指导社会人事,便是"无为而无不为"的黄老之术。黄老政治在西汉初期实行与民休息时曾经盛行一时,如汉武帝的名臣汲黯在任东海太守时"好清静,其治责大指而已,不苛小",①这与王导的方针是一致的。

在个人作风方面,王导也有一种严谨而潇洒的政治家风度。他头脑明晰、周密,态度亲切、幽默,极善待人接物。一个手势、一句俏皮话,就会让人人觉得满意,使整个气氛活跃起来。即使一向关系疏淡的人,只要与他接触晤谈,都会被他的语言、态度所吸引,向他倾诉心里话,把他看成自己的知遇。谢安年轻时曾见过他,终生都留下美好的回忆,说他犹如春风,犹如冬阳。即使面对满堂宾客,他也会应付自如,顾及到每个人,不使其有遭冷落之感。有一次在官府接待百余客人,他左顾右盼,谈笑风生,大家都很满意,脸上露出喜悦之色,独有一位临海来的客人和几个外国僧人有点冷落。他发觉后先是走到那位临海人身边说:"足下来到京师,临海人才一空了。"这位客人顿时高兴起来。接着他又对那几位僧人打了个响榧,大声招呼道:"兰奢,兰奢!""兰奢"据说即"兰若",是梵语"寂静处"的译音。王导的言外之意大约是说,你们诸位高僧正在这里禅定修省,我怎敢贸然打扰呀!几位僧人会意地大笑起来,客厅里充满和谐气氛。

这种从容、潇洒、机敏的风度和魅力,即使与现代政治家相比也毫不

---

① 见《史记·汲郑列传》。

逊色。

建武元年(317年)三月,司马睿进号晋王。不久,王导被任命为中书监、录尚书事、扬州刺史。

大将军

这期间,王敦等其他王氏兄弟也扶摇直上。

我们且接着从前章王敦杀死王澄以后说起。王敦进驻豫章平定杜弢之乱,实际上是各路兵马的元帅和总指挥。这年,他命陶侃率军进攻杜弢。陶侃是大诗人陶渊明的曾祖父,出身贫寒,因为能征善战,以军功逐步升任武昌太守,受王敦节度。他接到命令后,立即调兵遣将,屡败杜弢,升任荆州刺史。荆州是长江上游的重镇,兵精粮足,与下游的扬州遥遥相对,仿佛是建康政府这辆车上的两个轮子,从东晋到南朝一直关系到朝廷的兴衰。两州之间又常常相互牵制、对抗,形成所谓荆、扬之争。陶侃在这里与杜弢对峙,连战数年,终于建兴三年(315年)彻底平息了杜弢之乱。王敦作为元帅,进号镇军大将军,都督荆、湘、交、广等六州诸军事,江州刺史。

这时,王敦宠信吴兴人沈充,引为自己的参军,实为心腹。沈充又引荐了同乡钱凤。这两人都善于察言观色,摸透了王敦的心理活动,百般逢迎,王敦对他们也言听计从。钱凤忌恨陶侃的功劳,时常在王敦面前谮毁陶侃;王敦本人也知道陶侃多谋善战,为人刚正,颇有防范之心,于是便将陶侃调到偏远的广州任刺史,将上流重镇荆州交给他的堂弟王廙。陶侃在荆州颇有威望,士民们纷纷上书挽留,王敦自然不准。王廙来到荆州之后,大杀陶侃的将佐,更加激起他们的怨愤。

王廙的弟弟王彬因为参与平定杜弢之功,封侯,为司马睿的军咨祭酒。

王含、王舒也担任了要职。

当司马睿进号晋王、王导为辅之时,王敦又升为征南大将军。这对堂兄弟一文一武,一内一外,一刚一柔,成为建康政府的实权人物,所以当时流传着一句韵语:"王与(司)马,共天下。"

裂痕

当王氏兄弟的权势越来越大,当司马睿自以为江东政权已走向稳固,当他表面上似乎更加信重王氏兄弟之时,他们之间的裂痕其实已经暗暗出现了。天下的大私莫过于皇帝,他们自认是理所当然的天意的代理人,臣下理所当然应当为他们效死,而决不能平分秋色。当他们感到自己还寡弱无力时,可以对有用的臣子推崇备至,甚至恭称为"仲父"或其他更加尊荣的名目,以便让他们心甘情愿做自己的得力鹰犬去捕获猎物;而一旦猎物到手,这鹰犬就剩下被烹食的份儿。司马睿此时还不是皇帝,不过是俨然以皇帝自居的,建康其实也俨然是一个小朝廷。他不能容忍"共天下"的局面,不能容忍对他的权力构成威胁。他要削弱王氏的势力,削弱的办法在当时只有用其他力量加以牵制。早在三四年前他就重用了两个人物——刁协、刘隗,作为自己的心腹。这二人也很乖巧,善于先意承旨,以抑制王氏势力为己任,他们为政的方针又很苛刻、琐细,也为其他士族所不满。

我们当然不想为王敦辩护,他为人残忍刚狠、桀骜不驯、不甘人下,而且随着权势的扩大,这些恶德成正比例增长。从他升任镇东大将军之时,便益发骄横、专擅,私自选置一些不三不四的人物,宠信野心家沈充、钱凤,听信他们的吹捧、离间、煽动,而听不进逆耳忠言。他有一位参军熊甫是个正派人,曾在喝酒时劝谏他切勿信用小人,他勃然变色,追问小人是谁。熊甫知道他已经无可理喻,难免覆亡,便要求辞官归乡,以避灾远祸。王敦挽留不成为他置酒送别。席间熊甫唱了一首歌,其词为:

　　狙风飙起盖山陵,氛雾蔽日玉石焚。
　　往事既去可长叹,念别惆怅复会难![①]

他预言将会有一场弥漫山野的狂风急飙,遮天蔽日的杀气会使玉石俱焚。他追随王敦多年并不是没有感情的,但此一分手恐怕将是永诀。王敦虽知他仍在规谏自己,但终迷而不悟。不过平心而论,王敦虽然傲慢自负,却并无篡夺之意。

　　刁协、刘隗正是利用了王氏的一些过失作为把柄,加以攻讦。比如王敦的哥哥王含倚仗家族势力骄傲自恣,刘隗便上疏弹劾,多方罗织,牵连到整个王氏家族。司马睿虽未深究,事情虽然平息下来,王氏兄弟却怀恨在心。王导本人也常常受到他们的旁敲侧击,很不自安,暗自痛恨。从此时一直到王敦之乱,王氏兄弟对付的主要政敌便是刁、刘,而实质上则是与司马睿的控制与反控制、抑制与反抑制的斗争。一句话,是皇权与臣权之争。

　　后来终于酿成一场大祸。

[①] 《晋书》卷九十八《沈充传》。

王与马,争天下

以上所述都是东晋建立之前的事情,以下的事则发生在东晋建立之后。东晋小朝廷是在士族首先是琅邪王氏的扶植下建立起来的,所以也受到世家大族的控制,主弱臣强,形成典型的门阀政治,与它之前的西晋和它之后的南朝都有所不同。所以,东晋的几代皇帝都力图摆脱这种局面,加强皇权,但直到灭亡也始终未能改变。首先是与王氏从暗斗发展到明争。

一马化为龙

在北方,晋愍帝司马邺上台以后,风雨飘摇的西晋王朝并没有苟延残喘多久。四年以后(316年),刘曜又攻破长安俘掳司马邺,第二年杀害。从此,西晋王朝在历史上消失了。

由于兵荒马乱,交通阻隔,司马邺的死讯直到第二年三月才传到建康。根据国不可一日无主的原则,不久以后司马睿称帝,即晋元帝,东晋正式开始。据说早在此前,民间便流传着两句童谣:

> 五马游渡江,一马化为龙。[①]

根据后来的诠解,"五马"指琅邪王、汝南王、西阳王、南顿王、彭城王

[①] 《晋书》卷二十八《五行中》。

五位司马家儿,他们都南渡长江,移镇江南,其中琅邪王司马睿成为真龙天子,故云"一马化为龙"。

司马睿"化为龙"的那天照例举行隆重盛大的加冕典礼,祭告天地神祇和列祖列宗。他深知自己一个皇室的疏族,又没有什么特殊勋业,能够拥有今天的一切,王氏兄弟特别是王导有难赏之功。事后,他曾经请王导与他同登御床,平起平坐。这种举动中虽不乏几分真诚的感激,但更多的则是试探王导的心理,看他是否安于臣子的本分。王导也自然心中有数,不敢僭越,诚惶诚恐地说:"微末之物怎能与太阳同辉!"从此,他成为东晋王朝的首任丞相。

四月,王敦进号大将军,负责全国的军事,驻守江州。

司马睿即位的那一天,王廙进献了一篇《中兴赋》,称颂晋朝的"中兴"之美,加上他与司马睿的姻亲关系,便进号为左卫将军,成为朝廷显宦。其他王氏兄弟也各有升迁。

壮怀犹唱缺壶歌

司马睿在大封王氏兄弟之时,并没有放松对他们的警戒。六月,他任命刁协为尚书令,刘隗为侍中,作为出谋划策的近臣与心腹。二人秉承他的旨意,崇上抑下,重君轻臣,为政苛碎,动辄弹劾,意在抑制门阀世族的势力,加强君主的权威,而矛头所向,首当其冲的自然是势力最大的王氏。

司马睿最不放心的是拥有重兵、驻守重地的王敦。第二年,他任命周访为荆州刺史,名义上虽受王敦节度,实际上却意在牵制王敦。周访为人沉毅果决,勇猛善战,有中兴名将之称,深为司马睿所重。王敦知道他的来意,便借故将他调离荆州,改任梁州刺史,驻守襄阳。周访在驻地鼓励生产,厉兵秣马,时刻防范王敦的不轨之举,王敦也惧他几分。

又过了一年,周访病故,梁州出缺,王敦上书请以自己的心腹沈充担任刺史。司马睿采纳了刘隗的计策,以自己的本家、谯王司马承充任,显然还是意在牵制王敦。王敦也知道刘隗从中作梗,便上书陈述古往今来大臣信而见疑、忠而被谤的历史教训,请司马睿疏远小人,明察忠奸。司马睿十分恼火,君臣关系益发紧张。

王导也处在被猜忌的地位。他虽然心中不悦,但性格比王敦含蓄,隐忍不发。这年他曾经推荐一位名叫羊鉴的将领讨伐叛乱,羊鉴临战畏惧,顿兵不前,被刁协奏免。这无疑是对王导本人的当头棒喝,他连忙上述自劾用人失当,请求免官,未获批准。王敦知道后很为王导不平,也深知这是司马睿、刁协等人对王氏的贬抑,便上书陈诉王导的功勋与忠贞,言词中颇有牢骚怨愤之意。这封上书先是落在王导手中,他深觉不妥,连忙封好退还给王敦,劝他不可鲁莽。王敦气盛,重新派人直接奏上,司马睿读后益发不悦,认为是王导、王敦兄弟内外串通一气,向他施加压力。这时幸亏有其他大臣上疏替王导辩白,说他竭诚尽忠,辅佐君上成就大业,功勋比诸葛亮等先贤也并不逊色。这样司马睿才有所悔悟,与王导的关系也有所缓和。

但缓和仅是表面的,二人在为政方针上有着深刻分歧。王导代表的是世族的利益,他的宽惠、清静的政策既有稳定政局的目的,也有保护世族的用心。司马睿则是站在专制君王的立场上,力图抑制世家大族的权力。为了扭转主弱臣强之势,他放弃了祖上所标榜的"本诸生家,传礼来久"的儒家思想传统,推崇申、韩的法家政策,因为法家的"法""术""势"

有利于加强君主集权。他的心腹刘隗、刁协的"苛碎之政",正是这种法家政治路线的体现。所以司马睿与王导、王敦的矛盾有深刻的政治思想背景。

这种矛盾注定要在个性外露、桀骜不驯的王敦身上首先爆发出来,他与司马睿的裂痕越来越大,越来越明显。太兴四年(321年),司马睿任命刘隗出任镇北将军,镇淮阴;又任命另一心腹戴渊为征西将军,镇合肥;并强行征发扬州的佃客、奴隶,扩充到这两支军队中去,名义上是加强边境以防胡人,其实防的是王敦。刘隗虽领兵在外,与朝廷的联系仍很密切,司马睿凡事都要写信或派人与他商量。

这样王敦就更加怨愤不平。每当他想起王氏兄弟为开创江东所耗费的心力,想起自己历年身冒矢石南征北战,而现在像贼一样被严加监视防范的处境,就觉得司马睿刻薄寡恩,觉得有一种被捉弄被遗弃的耻辱,不禁怒火中烧。他不是王导那种隐忍含蓄、不露声色的人物,他不善于掩饰自己的感情。每当此时,便借酒排遣,常常高声咏唱曹操《步出夏门行》中的诗句:

> 老骥伏枥,志在千里;
> 烈士暮年,壮心不已!

此时他已56岁,也到了"烈士暮年"的时候。他不堪忍受这种不尴不尬的处境,不堪忍受他人的中伤。他要报复,要像老马那样再去驰骋战场,拼死一争。每念及此,感情激越,不能自制,边唱边用铁玉意敲打酒壶,直至把壶口敲出一道道缺口,正像后世一位诗人所说的:"壮怀犹唱缺壶歌。"

王敦与司马睿之间的冲突,一触即发。

清君侧

第二年(322年),一场内战终于爆发了。王敦在武昌举兵,他打出"清君侧"的旗号,上疏要求司马睿诛杀刘隗。疏中列举了刘隗的十大罪状,最后要挟说,如果早晨斩了刘隗,大军晚上便退,否则便杀上京城。这不啻是一道最后通牒。同时,他驱兵顺流直下,直抵芜湖,在那里又发布了刁协的罪状,要求与刘隗一并治罪。司马睿大怒,急召刘隗、戴渊率师回京防守。王敦之兄王含正任京官,则潜逃出京投奔王敦。

此时朝廷官员的心理是很微妙的,他们对刁、刘的"苛碎之政"早就暗暗忌恨,对司马睿的过分宠信刁、刘也早已心怀不满,所以对王敦的举兵并不很反感,只要他做得不过分,不打破各家族势力的平衡就行。只有周颉说:"人主不是神仙,怎能没有过失?人臣怎可举兵抗上?"这话很受后世史学家的称赏,认为是平正通达之论。但他的逻辑是很奇怪的:皇帝有过错可以原谅,那么大臣有过错,皇帝也能宽宏大量吗?

王敦兵临建康西部石头城下,守将周扎打开城门,大军长驱直入,进驻城中。王敦拥兵自重,并不上朝拜见皇帝。司马睿听说石头城已经陷落,无计可施,只是拉着他的宠臣刁协、刘隗的手流涕痛哭。现在他自身吉凶未卜,更无力保护这两个臣子,只得给他们一些兵马,让他们赶快逃命,自谋生路。刘隗跑得快,携带妻子、亲信二百多人投奔石勒,后来在北方做到太子太傅的高官。刁协年老不能骑马,步行到江陵为人所杀。

王敦既没有抢占司马睿的宝座,也没有为难其他大臣,只是逮捕了曾经反对过他的周𫖮、戴渊。

伯仁为我而死

王敦举兵，王导的心理也很微妙。他痛恨刁协、刘隗，他们曾经给王氏以及他本人造成许多麻烦和难堪。现在王敦要除掉他们，正中他的下怀，所以对此他是默认的，甚至觉得这确是清君侧的正当行为，这从他后来的一些言行看得很清楚。不过他与王敦表现方式不同，一个唱的是白脸，一个唱的是红脸；一个是明火执仗，一个是老谋深算。王导深知举兵向阙是一件非同小可的事情，弄不好就会惹来弥天大祸，夷灭九族，使王氏家族世世代代努力的成果在血水中流失。有人已经传出消息，刘隗劝说司马睿把王氏家族的人全部杀光。与其坐以待毙，不如主动请罪，于是他便每天早晨率领在京做官的兄弟子侄二十余人跪在宫前听候处治。这天他遇上周𫖮。周𫖮字伯仁，也是世家子弟，为人落拓不羁，极好饮酒，人称"三日仆射"，意思是说他总是饮得昏天黑地，清醒时少。他与王导一向关系不错。有一次二人喝醉之后，王导枕在他的膝盖上指着他的肚子戏问："此中有何物？"周𫖮说："此中空洞无物，但足以容下几百个你这样的人物。"王导也不生气，大笑而已。

这天王导一家正跪在宫门前请罪之时，周𫖮向宫中走来，王导轻轻对他说："伯仁，我家这一百多口，全都托付给你了。"周𫖮并不答话，旁若无人，昂首而入。见到司马睿以后，却极力申述王导的忠诚，王敦之事与其无关，不可同罪。司马睿听从了周𫖮的劝告，并留他喝酒。等他醉醺醺走出宫时，王导一家仍跪在那里。王导跟他打招呼，他仍然毫不理睬，嘴里还念念有词说什么"今年杀贼子，取个斗来大的金印挂于胳臂上"。

王导更加忐忑不安,以为他不肯帮忙……

现在周𫖮和戴渊一起落在王敦手中。据有的资料说,王敦征询王导如何发落,试探说:"周𫖮、戴渊是当今人望,该给他们个三司之职吧?"王导沉默无言。王敦又说:"那么总该做令、仆之类吧?"王导仍沉默无言。王敦似乎明白了他的意思,说:"如果两者都不可,看来是该杀掉。"王导还是无言。就这样,周、戴一道被王敦杀害。但后来也有很多人为王导辩解,认为这是无根游谈,王导此时不可能私下会见王敦。不过因为猜忌周𫖮,顺水推舟、不加营救却是事实。

王敦之乱平息后,有一天王导清理中书省的文件,才发现周𫖮当时极力为自己辩白说情的奏章,一种巨大的负罪感袭上心头,不禁流涕呜咽,回家后对儿子们说:

> 吾虽不杀伯仁,伯仁由我而死。
> 幽冥之中,负此良友![1]!

周𫖮无疑是一个正派的人,王导则被后人讥为外宽内忌,把他这个终生最大的污点写在历史上。

"大义灭亲"

王敦并不想要司马睿的宝座,各大族之间互相牵制的力量也使他无法要这个宝座,他要的只是刁协、刘隗等人的头颅,要的是对朝廷的控制

---

[1] 《晋书》卷六十九《周𫖮传》。

权,是王氏家族首屈一指的地位。现在这一切已经达到,"君侧"得到清理,他便辞却所有封赏,退回自己的根据地武昌,只是任命他的哥哥王含为荆州刺史,把这个军事重镇牢抓不放。

这年闰十一月,晋元帝司马睿在忧愤中病死,其子司马绍即位,史称晋明帝,王导辅政。

事情闹到这般地步,王敦深知自己已成骑虎之势,欲罢不能。皇家最忌恨的是臣下拥兵自重和犯上作乱;他们的卧榻之旁,是不容旁人酣睡的,不管哪个皇帝上台,都不会捐弃前嫌,相安无事。因此他只能一不做二不休,不是鱼死便是网破。第二年(323年)三月他派人献给司马绍一颗玉玺,顺便暗示司马绍下诏征自己入朝。司马绍只得照办。于是王敦移镇姑孰(今安徽当涂),以便就近控制朝廷。他还做了人事上的种种调整和部署:以王导为司徒,即宰相;他亲任扬州刺史,直接管辖京都所在之地;王含升为征东将军、都督扬州、江西诸军事,堂弟王舒代之为荆州刺史,王彬为江州刺史。这样,朝廷内外的重要职务和军事重镇,进一步掌握在王氏兄弟手中。现在他已经不满足于"王与马,共天下",而要与司马氏争天下了。但最高权力的改变并不是容易的事情,它势将引起各有关方面的连锁反应与震动。如果说去年王敦打着"清君侧"的旗号,诛讨为众人所忌恨的刁协、刘隗,各个世家大族还能够默许的话,那么现在他试图篡权,使王氏一跃而为一国之主,从而改变既成的权力平衡,则是他们所通不过的。大多数头脑比较清醒的王氏子弟也并不一心顺从王敦,他们首鼠两端。如果王敦成功,他们是理所当然的皇亲国戚;如果王敦失败,他们仍要保住高官厚禄和家族地位。

王敦却没有抽身却步的余地。严重的政治斗争一旦挑起,不分个水落石出是不会真正休止的。他与死党沈充、钱凤以及哥哥王含等人日夜紧锣密鼓策划着,擅自以王含为骠骑大将军、开府仪同三司,以养子王应为武卫将军。这些官衔只能由朝廷任命,他的僭越行为本身就是向朝廷发出的挑战。但正在这个关键的当儿他却病倒了,日益沉重。他深感大势已去,便向钱凤等人面授机宜:如果他万一一病不起,上策是解散军队,归附朝廷,以保全门户;中策是退回武汉,拥兵自守,进贡称臣;下策是举兵东下,以攻破建康、夺取大权。王敦是有政治斗争经验的,但钱凤等人却野心勃勃,利令智昏,认为他说的"下策"才是真正的"上策",准备孤注一掷,待他死后发难。

此时晋明帝司马绍也在紧锣密鼓地准备着。他年轻气盛,也不乏心计,一方面派人慰问王敦,窥视他的病况,并承认了王含、王应的官爵,以稳住王敦之心;另一方面亲自便服乘马潜入芜湖,察看地形和王敦的军事部署,回来后便调兵遣将,以王导为总指挥,温峤、郗鉴、庾亮等人各率一路大军,并调临淮太守苏峻等入援。接着他就命人散布王敦已死的谣言,以瓦解其军心,并下诏宣布王敦、钱凤等人的罪状,向姑孰大举进攻。

"牌"已经摊开了,王敦被逼上了梁山,现在他只能走其"下策",即孤注一掷,举兵东下,杀上京师了。但令他百般无奈的是,此时病情却更加严重,真是力不从心了。他只得任命王含为元帅,率兵东下。他虽知王含等人志大才疏,成事不足,但到这般光景,也只能如此。不过还好,王含的军队很快攻到建康西郊的江宁,与朝廷军队相对峙。

王导此时的心境尤其复杂、窘迫。他面对的敌手竟是自己的本家兄弟,而且要争个你死我活,鱼死网破!这真是"同室操戈",但还要美其名曰"大义灭亲"!他审时度势,料定王敦必败无疑,因为不仅司马绍必欲置他于死地而后快,其他士族也已联合起来,把他视为他们的共敌。现在,保全门户的重担落到他的肩上,但他又很不愿看到这样的结局。他只能巧妙周旋,不露声色,保全自己。于是,他以堂叔兄弟的名义代表朝廷给王含写了一封信,晓之以理,动之以情,大义凛然,规劝王含忠于朝廷,退回武汉,以求得皇上宽大。但在字里行间却又透露了朝廷的兵力和部署,以及苏峻等"勤王之师"的动态,显然是暗示王含心中有数,早为之计。由此不难窥见他那首鼠两端、矛盾复杂的心态。

司马绍派遣将领打退了王含的进攻,又亲自率兵抵御钱凤一路,将其击溃于建康南郊。战况传到王敦那里,他没料到失败得如此迅速,不禁万念俱灰,大叫一声,恚愤而死。其养子王应一向养尊处优,酒囊饭袋而已,毫不作应战准备,依然与部下饮酒作乐。

不久沈充、钱凤等人都兵败被杀,王敦被戮尸。王含、王应二人乘上小船,连夜投奔荆州,请求在那里任刺史的王舒庇护。王舒怕受到牵累,翻脸无情,效法古人"大义灭亲"的故事,将二人双双投入长江。

至此,王敦搅起的这场轩然大波才算平息下来,不过也埋下了另一场大波的种子,那是由应召参与平乱的苏峻所搅起的。此为后话。

在这场战乱中王氏家族死的人并不多,而且一个是病死,另外两个死于自家人之手,死于战场或朝廷之手的一个也没有。但损失仍然是巨大的,那就是丢失了都督军队的权力。其他王氏子弟仍然保存下来,而且因为"大义灭亲"得到提升,特别是王导被晋封为始兴郡公,进位太保,丞相之职依然如故。王氏仍有举足轻重的地位。他们毕竟人多势众,盘根错节,又能够随机应变,所以虽经巨大变乱,却并未受到致命打击,像其他家族在类似情况下那样一蹶不振。

第三章　王与马，共天下

王助马，治天下

  王敦之乱后，在王氏家族的历史上，特别是在它的代表人物王导的生命史上，又掀开了新的一页。斗争依然激烈而微妙，但斗争的对手已经不是企图抑制权臣的司马皇帝，也不是皇帝的心腹刁协、刘隗之流，而主要是其他家族的代表人物。王敦乱后，东晋主弱臣强的局面更难以逆转，世家大族轮流执政。另一方面，斗争多表现为治国方略、指导思想的分歧，不像以前那样刀光剑影，你死我活。王导一生都毫不动摇地执行着"清静""宽惠"的为政方针，这种方针有得有失，有功有过，特别是当他过分宽惠的时候，过失就更加明显，因而引起多方面的不满与反对。

黄老士与礼法人

  王敦之乱平定后的第二年即太宁三年(325年)闰七月，晋明帝司马绍病逝，年仅五岁的太子司马衍即位为成帝，庾太后临朝，以王导、庾亮、卞壸、温峤、郗鉴、陆晔等共辅幼主。这些人之间的关系很微妙。王导是元老重臣，威望素著；庾亮是太后的哥哥、皇帝的舅舅，政事多取决于他，成为实际上的核心人物。其余四人都是以平定王敦有功而被提升的。卞壸在有些方面与庾亮比较接近，但也不尽相同；温峤曾为王导的下属，但与王导也有意见分歧；陆晔是吴人，作为江南士族的代表人物参政；郗鉴是王导着力拉拢的对象，因为他握有北府重兵。王、郗两家有婚姻关系。我们都知道王羲之祖腹东床的故事，说的便是郗鉴向王导求女婿，王导请他自己挑选，他在王氏诸子弟中选中了躺在床上吃东西、富有名士派头的王羲之。此事就发生在这段时间,当时王羲之大约二十三四岁。由此可知二人关系的非同一般。正是依靠郗鉴的有力支持,王导在后来的政治斗争中避免了失败。不过一般说来,这些人都不是刚狠的阴谋家野心家,他们之间的分歧与矛盾并没有发展到剑拔弩张的地步。即使有时较为紧张,也往往以特有的名士方式得以缓解。

卞壸与王导之间在为政方针和思想作风上的分歧,从辅政一开始就显露出来。司马衍登极的那一天举行典礼时,群臣之首的王导却以生病为由没有参加。也许他已经见惯了这套千篇一律的例行公事,也许他对庾氏的得势心怀不满。卞壸不管他真病与否,只是认定每个大臣都要依礼行事,特别是在如此重要的场合。于是便正言厉色地在大庭广众之前说:"王公难道不是社稷之臣吗?难道这是托病推辞的时候?"立刻有人报告了王导,王导不敢怠慢,赶紧乘车带病与会。

卞壸与王导的思想类型不同。他刚正不阿,依礼行事,为人勤勤恳恳,埋头政务,没有名士的潇洒、超脱与放达,这样的人在当时被视为"俗吏",为风流名士所轻视。名士阮孚曾讥笑他说:"你一年到头总是忙忙碌碌,不觉得活得太累吗?"他也反唇相讥:"诸君一味高谈玄理,标榜风流,执勤打杂的,不是我还有谁!"他举止威严庄重,不苟言笑,放诞的名士有点怕他。有位名僧高坐道人,在王导家总是不拘小节,随随便便躺在王导身旁,但见到卞壸却肃然改容,不敢放肆,说:"他是礼法人。"

王导可以说是"黄老士",这是他同"礼法人"卞壸的分歧之所在。前面说过,王导在骨子里是风流名士,热衷清谈玄学,雅好清虚超脱,在容止上比较随和平易,在政治上则实行清静无为的黄老之术。不过"黄老之士"也不同于当时那些任诞放达、空谈玄虚的"庄老之士"。前者企图从表面的"无为"达到实际上的"无不为",从政为官也有权谋心术,因而终究能做成事业;后者则全任"无为"一味放达,华而不实,一事无成,只以怪僻放诞的行为流名当时和后世。但"黄老士"离"庄老士"近,离"礼法人"远;与"庄老士"只隔一条小径,与"礼法人"却隔着一条鸿沟。

卞壸对王导的许多做法都看不顺眼,如骨鲠在喉,不吐不快。第二年(326年)六月,郗鉴出任徐州刺史。王导本来长期称病不朝,此时却亲为郗鉴饯行。这事传到卞壸耳中,便狠狠上了一本,说王导"亏法从私,无大臣之节,请免官",当朝文武群臣都为之震惊。王导的称病,可能与不满庾信的专权有关;为郗鉴送行,则显然是要与其修好,求得他在朝外的声援。

卞壸对当时的名士风气更是嫉恶如仇。许多世家子弟仰慕王澄、谢鲲等前辈的作风,放达任诞又成为竞相追逐的时髦。卞壸在朝廷上厉声斥责他们悖礼伤教,误国害政,要求治罪。王导、庾亮竭力反对。在这方面,二人是一致的。

卞壸没有野心,不搞阴谋,他与王导只是思想作风上的分歧,而非权力之争。他死得早,因而二人没有形成很大冲突。

王、庾失和

王导、庾亮的矛盾却有权力之争的性质。凡是权力之争都往往会走向激化,只不过因为二人都是清谈名士,常常把冲突隐藏在温文尔雅、谈笑嘲调的形式下,加以其他因素的制约,才总算没有公开分裂。

王敦之乱后,王氏虽仍有相当雄厚的实力,但与司马氏"共天下"的局面却不复存在。早在晋元帝司马睿之时,就意图抑制与削弱王氏的势力,那时主要用了刁协、刘隗。后来晋明帝司马绍虽然除掉了手握兵权野心勃勃的王敦,但对王导仍外崇内抑,而倚重自己的内兄庾亮。他曾经给庾亮写过一封密信,却在信封上误写为王导。王导不知,拆开一看,内有"勿使王导知道"等字样,便赶紧封好退回,并向司马绍解释自己没有读过此信。这真是此地无银三百两,弄得司马绍甚为难堪,很长时间不好意思见到王导。这个偶然的疏忽,透露出司马绍与庾亮的密切关系,以及他对王导的疑忌。

司马绍死后,庾氏的权势进一步加强,内有妹妹为太后,外有诸弟在朝廷内外担任要职,皇帝司马衍在他眼中只是个童騃的小外甥罢了,有时甚至用尺子敲他的头加以训斥。"王与马,共天下"已经被"庾与马,共天下"取代。王导当然不甘心这种变化,庾亮也把主要精力用来对付盘根错节的王氏。

庾亮与卞壶不同,他本是玄学名士,风流标致,长于清谈,善于属文,崇尚老庄。当年晋元帝司马睿倚重刁协、刘隗,提倡法家之术,企图抑制世族势力时,他曾经攻讦法家"刻薄伤化,不足以留圣听",那时他与王导是一致的,共同的政敌是刁、刘之流;而且从世界观上说,他压根儿就不是一个卞壶那样的"礼法人"。现在时势不同了,王导成为他最主要的政敌,于是他便针对王导清静、宽惠的为政方针,实行"任法裁物"的法家政策,企图从政治路线入手,逐步消除王导在朝廷内外的影响,抑制王氏的势力,巩固和扩大庾氏的势力。这样,他与王导的裂痕便越来越大。与庾亮的矛盾分歧与明争暗斗,一直贯穿了王导的最后十年。

苏峻之乱

苏峻之乱给庾亮"任法裁物"的峻急的为政方针当头一棒,却使王导获得主动,证明他那宽容的方针是切合时局的。

苏峻在平定王敦之乱中立功,升任历阳(今安徽和县)内史,镇守江北军事重地,当时称为"江外兵"。江外兵勇猛善战,武器精良。苏峻依恃这支军队一天天骄横跋扈起来,不听朝廷节制。庾亮是一介书生,华而不实,又急功近利,意欲采取调虎离山之计,征召苏峻入朝为大司农,负责农业生产。他天真地以为这样就可以不费一兵一卒解除苏峻的兵权,使他像鱼儿离开水一样离开苦心经营的根据地,不得不就范。王导、卞壶、温峤都不同意这个办法,认为苏峻决不会乖乖听命,反而只能把他激怒,加速他的叛乱,不如姑且隐忍,先稳住他,慢慢寻找机会除掉。庾亮不从,下诏强征苏峻入京。苏峻果然抗旨,于咸和二年(327年)底联合其他几个对朝廷心怀不满的方镇举兵叛乱,继王敦之后搅起又一个轩然大波。

庾亮事前虽做过一些防范措施,但经过王敦之乱,朝廷的元气还未恢复,苏峻等人又来势凶猛,于第二年初便攻破建康。庾亮战败,带着他的弟弟们和几个部下逃到寻阳,投奔江州刺史温峤。温峤与庾亮关系素善,便分给他一部分军队归其统领。

朝廷百官也作鸟兽散,只剩下王导、陆晔数人。王导令人把小皇帝司马衍抱上太极殿,自己与陆晔登上御床,簇拥护卫。苏峻带领将士入宫,司马衍吓得大哭。不过在古代,即使这样一个拖着鼻涕的寻寻常常的孩子,也象征着皇权的尊严和真龙天子的神圣,苏峻终不敢无礼,转而命令兵士突入后宫,把大批金银细软劫掠一空,又逼迫朝廷官员为他们挑担服役,把战利品运送到山上,稍一怠慢便拳打脚踢。王导的堂弟王彬也在其内。

苏峻一旦权在手，便把令来行。他先是下诏大赦，除庾亮兄弟之外，其他一概不问。继而又封官赏爵，自任丞相。王导在朝野的威望素高，又为苏峻所敬重，便让他任原有官职，名位在自己之上。他的部将陆永等人提议杀掉王导和其他官员，另组成一个属于自己的朝廷，苏峻不从。这样路永等人便对他怀有二心。王导利用这个矛盾，派人说服路永等把司马衍设法送出城外，投奔朝廷军队，但由于苏峻防备森严，未能得手。王导深知这里不是久留之地，便携带两个儿子随路永潜逃到城外的白石垒，把小皇帝留在苏峻手中。

他在白石垒躲了五个月，直到第二年（329年）二月温峤、陶侃、郗鉴、庾亮的联军收复建康后才回来。因为他丢开小皇帝私自逃命一事，在朝廷上受到陶侃的公开嘲笑，挖苦他"失节"。他知道这是自己的一个污点，难以辩解。

三月，论功行赏，陶侃、郗鉴、温峤、陆晔的官爵都得到提升。卞壶战死，追增谥号。王导的堂弟王舒及其儿子王允之立有战功，均封侯，王彬也封为关内侯。庾亮知道这场大祸是自己惹下的，主动要求惩罚，离开朝廷出任豫州刺史。

温峤在这次动乱中功勋最大，众人推举他辅政，他一再推辞，让给了资历深厚的王导。这样，王导又取代了庾亮的地位，复为宰辅。

镇之以静，群情自安

在进行权力调整的同时，朝廷上发生了一场迁都问题的争议。

王敦之乱时京都建康几乎没遭到什么破坏，仗是在外围打的，苏峻攻破建康后，纵兵烧杀掳掠，财物被洗劫一空，宫室化为灰烬，一副残破不堪的凄惨景况。迁都问题就是由此引出的。

多数人主张迁都,只是对新都地址问题分为两派意见:一派以温峤为首,主张迁往豫章(今江西南昌),这其实是要把朝廷置于自己的控制之下;另一派以陆晔为首的官员,则主张迁往他们的势力范围会稽,显然也是想控制朝廷。两派各持一是,不能相下。

王导坚持第三种意见:不迁都。他力排众议,提出三个理由:第一,建康自古称为有帝王之气的龙盘虎踞之地。第二,不必为一时的残破而迁都,如果能够发展生产,一切都会恢复;如果不发展生产,乐土也将沦为废墟。第三,北方胡人正虎视眈眈,迁都等于示弱,引发他们南下的欲望。最后他提出八个字作为应付时局的基本方针:"镇之以静,群情自安。"

王导的意见显然是对的,他毕竟比别人更有政治经验,见识也胜过他人一筹。建康是他多年经营之地,在那里他的势力盘根错节。他力主不迁都,固然也有私利的打算,但更多的是从大局着眼。因为把京都设在长江南岸的建康,从地理位置上说,可攻可守,可进可退,可以把胡人的势力限于江北,维持以长江为界南北对峙的局面,另一方面也合于南北人民的传统心理和恢复中原的愿望。他一锤定音,众人服从。从此直到宋、齐、梁、陈,首都便一直设在建康,这才有了六朝秦淮繁华,有了后代诗人在这里的无数感伤怀古之作。

"镇之以静,群情自安"是王导终生的为政方针和处世态度,是黄老之术的实际运用,它出自老子所说的"清静为天下正""我好静而民自正"等政治哲学思想。①

---

① 见《老子》第四十五、五十七章。

新经丧乱之后，有一大摊子事情等待他去处理。国库空虚，财经不足，开支拮据，连百官的俸禄发放也有困难。他虽然善于理财，但也有巧妇难为无米之炊感。仓库里积压着成万匹粗丝织成的练布，追求衣饰鲜丽的士大夫大概觉得已经不时髦了吧，没有人愿意购买。他便发动朝廷官员们都穿练布单衣，并请人设计出新鲜式样，看起来朴实而又雅致，别有一种风度。于是练布一下子成为时兴货抢手起来，价钱竟翻了好几倍。虽然是杯水车薪吧，也总算救了一点燃眉之急。

最根本的是农业，赋税太重，农民不堪重负，种田的热情不高。咸和五年（330年）他下令普度土地，只收收成的十分之一，折算起每亩大约三升。农民的负担暂时得到减轻，劲头有所提高。过了几年，又发布"壬辰诏书"，禁止豪强大族封山占水，违犯者以强盗论罪。当时世家大族强占山泽，据为己有，百姓撒一张网，投一根竿，便被没收船只渔具，强迫用布匹赎回。"壬辰诏"的实效虽然不大，但这种气焰毕竟暂时有所收敛。

光环下的阴影

王导现在虽然才五十几岁，却早已位极人臣，辅佐过东晋的三代君王：元帝、明帝、成帝。早在东晋尚未建立，司马睿就称他为"仲父"。连爷爷对他都如此尊重，十几岁的孙子成帝司马衍就更可想而知了。在司马衍眼中，他并不是一个应当对自己毕恭毕敬的臣子，而是一位德高望重、劳苦功高的长辈，自己倒应当对他毕恭毕敬。所以每当给他下手诏时都不敢用命令的口气，而用"惶恐言""顿首""敬白"之类的敬语。每当见到王导，司马衍总要向他礼拜；他一上殿，司马衍便从御座上站起来向他致意。对这一切王导都受之若素,仿佛事情本来就应当如此。

司马衍对他的恭敬还表现在各个方面。咸和五年(330年)十月,率领百官到他府上拜访,在那里大设筵席,宴会群臣。第二年冬天朝廷举行冬祭以后,下令把大量的肉类都送到他家,并叮嘱不要让他拜谢感恩。咸康元年(335年)他进位太傅,因病不能上朝,司马衍便亲自到他家与群臣宴饮,席间不但向他下拜,而且礼拜了他的夫人曹氏。对这一切王导也都受之若素,仿佛事情本来就应当如此。

他得到旷古罕有备极人臣的殊遇,声名和荣耀达到了极致。他的头上闪耀着无比灿烂的光环,但在这光环下面也有着令人烦心的阴影。有些方正的臣子对此看不顺眼,认为这有悖于自古而来的君臣之礼,也有人看到皇帝已经渐渐长大,却仍旧委政于王导,很为朝廷的将来担忧。特别是有个名叫孔坦的侍中,不但公然反对司马衍对他的一些破格待遇,而且在背后劝说司马衍广泛听取群臣意见,咨询"善道"。这显然是对他而发的,言外之意是司马衍从他这里获得的并不都是"善道"。于是他寻了一个借口,把孔坦调离朝廷。

孔坦这样的文官并不难对付,棘手的是拥有重兵镇守一方的武将,特别是荆州刺史陶侃。陶侃有点像卞壶,刚毅、方正、能征善战,对清谈玄学、放达任诞之风切齿扼腕,曾说:

> 老庄浮华,非先王之法言也。君子当正其衣冠,摄其威仪,何可乱头养望自谓宏达邪![1]

---

[1] 《晋书》卷六十六《陶侃传》。

他与王氏素来不很好,又看不惯王导的名士作风和宽容姑息的为政方针。咸和五年(330年),后将军郭默擅杀江州刺史刘胤,王导担心他难以制服,便索性顺水推舟,任命为江州刺史。陶侃对此十分气愤,写信质问王导:"如果杀刺史的便作刺史,那杀宰相的就该作宰相吗?""杀宰相"三字,显然是有所指的,内含嘲讽甚至杀气。接着陶侃便出兵杀死郭默,自己兼管江州。事后他曾与庾亮、郗鉴策划废掉王导的宰相之职,只是因郗鉴反对才未成为现实。

这些都给王导灿烂的光环下添上浓重的阴影,而更浓重的则是他与庾亮的矛盾。

元规尘污人

苏峻之乱后,庾亮不得不离开朝廷出任地方官员,使辅政的大权又落到王导手中,但他是并不甘心的,此时王导的堂叔兄弟大多已经死去,庾氏的权力大于王氏,他利用国舅的身份和种种人事关系插手朝廷。咸和九年(334年)陶侃病逝,他代替陶侃坐镇武昌,权限比陶侃更大,兼任江州、荆州、豫州三州刺史。随着权力的扩大,加上有个名叫陶称的部属在其间拨弄是非,他与王导的关系更加紧张。

咸康四年(338年)王导委任的将领赵胤、贾宁等不守法度,胡作非为,引起人们的公愤,庾亮想利用这个机会举兵废掉王导。这种大事必须得到拥有北府重兵的郗鉴的支持。于是他便给郗鉴写了一封信,说过去秦始皇愚弄百姓,现在王导却在愚弄人主;皇帝已经长大,王导仍把大权抓在手中,不肯归政;皇帝震慑于王导的淫威,不得不向他行殊礼,王导却都泰然处之。信的最后说如果不清除这样的大奸,你我便辜负了先帝的托付之恩,有何面目见先帝于九泉之下?

手握重兵的郗鉴仍不同意,庾亮也只得作罢。

这本来是两个人之间的私信和密谋,却被庾亮的下属陶称透露出去,人们都传言庾亮将举兵东下讨伐王导,有人劝王导严加防备。王导又何尝心中无数呢?但他却装作沉静自若的样子,淡淡地说:"我与庾公辅佐朝廷,休戚与共,这些没根儿的谣言,不应当出于智者之口。即便退一步说,庾公真有此心,我交出乌纱帽回乌衣巷就是。"他又给陶称写了一封信,说庾亮是当今国舅,应当好好效力,不可望风扑影。这样一件大事,被王导轻描淡写地掩饰过去。

但王导心中对庾亮是很反感的。他现在拥有强兵,占据上游,又是炙手可热的皇亲国戚,许多势利小人看到王导年龄已老,虽外表备极荣耀,其实并无多少实权,控制朝廷的仍是庾氏兄弟,因而都明里暗里向庾亮递送秋波。他感到不平。这年秋凉初临,西风乍起,尘土飞扬,他用扇子遮住面孔,说:"元规尘污人!"

元规是庾亮的字,他驻守在建康以西的武昌。在王导心中,那些污染京城的尘土,似乎就是他伸向朝廷的手。这句话看似玩笑,却流露出他心中的憎厌。王导善于掩饰感情,慎于言语。不能自制而流露真情之语,据说平生只有这一句。

王导的身体越来越糟。他本来就主张"不拘细目",现在更懒得过问政事了,文件也很少过目。回想自己的一生和宽容大度的为政方针,他不禁感慨说:"现在人家都说我糊涂,后人怀念的,恐怕正是这糊涂。"

他于咸康五年(339年)病逝,享年六十四岁,死后自然也得到备极人臣的哀荣。

闪亮的"宝刀"

王导走过了不平静的一生。出仕四十多年来,他一直卷在政治斗争的漩涡之中,后三十年更成为权力争夺的核心人物。即使在以前的古大臣中,经历像他那样复杂的也不多见。

他有清醒的头脑和灵活的政治手腕,古人说他"善处兴废"。他遇到的有些事情是很棘手的,特别是王敦之乱,他作为堂弟处境更是微妙而艰险,一不小心就会陷于灭顶之灾,他必须审时度势,巧妙应付,有时要做出违心的事情,但又不能放弃家族的利益。他与庾亮的争斗也很复杂,涉及到各个方面的情绪与利益。但这一切他都应付下来了,划着自己的小舟浮沉在曲折的湍流上,在波澜起伏的宦海没有触礁。政治斗争对他说来成为得心应手的事情,应付裕如,游刃有余,并且又不妨碍他挥麈谈玄,风流潇洒。

有人讥他不是东晋的忠臣。但平心而论,他至少是东晋的功臣。他筚路蓝缕,艰难缔造,开创了江东的半壁江山,一时成为惶惶失据的人们的主心骨与灵魂。他所制定的"清静""宽惠"的方针国策是基本适应当时的具体情势的,稳定了人心、局势和经济。当然他也常常失之过宽,姑息养奸,这取决于他的老庄人生观和名士态度,以及笼络人心对付政敌的需要。两晋南朝王氏家族善于在权力更迭或政局动荡时火中取栗、攫取权势的传统,在他手中发展到极致,超过他的前辈与后裔,何况他又有位极人臣的地位和不可磨灭的功勋,因此成为后代子孙的光荣与骄傲。他本人恰巧又子孙众多,在他之后那些地位最显赫、最活跃的王氏子弟几乎都是他的直系子孙,出于其他支派的极少。他可以说是王氏家族最关键的"传刀人"。祖上传下的那神奇的"宝刀",在他这里闪烁出最灼目的光亮。

历史上王谢家族齐名,从某种意义上说其实便是王导、谢安齐名,他们是各自家族最负盛名的代表,是两晋南朝最负盛名的丞相,一个为东晋开辟了半壁江山,一个保住了这半壁江山。他们负有盛名,为后人津津乐道,还在于他们都是名士政治家,雅好谈玄而不废事功,把黄老之术成功再现于当世。谢安后来的为政方针"镇以和靖,御以长算",完全是从他的"镇之以静,群情自安"方针化来的。二人很难分优劣高下。在个人品质上,王导俭朴,谢安奢华,这是谢逊于王之处。但谢比王更风流,更超脱,能够看轻权势,急流勇退,来自东山,归心东山。在他当政的那些年岁,没有一个人因他而死。相比之下,王导有时显得外宽内忌,不能容人,炫耀权力,迷执势位。这既由于谢比王的老庄人生观要彻底,更由于二人所处的时世不同,王比谢遭遇的政治环境要复杂艰险得多。

王导把王氏家族推向极盛之后,一度进入中衰。

第四章　逍遥与进取

脂车总驰轮,泛舟理飞棹。丝染墨悲叹,路歧杨感悼。

——王彪之《与诸兄弟方山别诗》

时　　间:东晋中期(约 340—385 年)。

主要人物:王羲之,王胡之,王彪之。

王导执政的后期,实权已经操纵在庾亮手中,可以说是"庾与马,共天下";王导死后,相继执政的是庾亮的弟弟庾冰、何充,为时都很短暂,权力逐渐过渡到雄才大略的桓温手中,桓氏兄弟占据了要津,可以说是"桓与马,共天下";桓温之后,执政的是有"风流宰相"之称的谢安,他的子侄们掌握重兵,又可以说是"谢与马,共天下"。

正像王导的六个父辈都在历史上默默无闻一样,他的六个儿子也都功业不显。长子王悦死在王导之前,只做过几任小官;次子王恬官至会稽内史;三子王洽为吴郡太守;四子王协为抚军参军,早卒;五子王劭为吴国内史;六子王荟也官至会稽内史。这些"名相之子"虽然不愁无官可做,但却没有一人进入最高权力层。身手不凡的人才往往并不会接踵而至。

"一龙九子,子子各别",庞大的王氏家族各支的门风和命运也在不断分化,在王导十几个本家兄弟中,王导一支的子孙们政治进取心和权势欲最强,此后王氏家族兴盛的历史几乎就是王导一支的历史。其他几支的后代名字中大多有一个"之"字,如王羲之、王胡之、王彪之,等等,据说这是信仰道教的标志。也许正因为这个缘故,他们大多比较淡泊、逍遥,没有显赫的功业与势位。这个时期堪称王氏家族的"传刀人"的,是王导的嫡孙、王洽的儿子王珣,不过此时他还受到压抑,名位不显。

因而这可以称为王氏的中衰时代。

但中衰只是与王氏家族的其他时代相对而言。与别的家族相比,他们仍有雄厚的潜力,而且有的人物还进入朝廷的决策层。王氏毕竟是王氏。

正像大自然中有疾风暴雨也有光风霁月,有惊涛骇浪也有澄江如练一样,王氏的中衰使我们暂时从刀光剑影的权力争夺中喘息稍定,随他们去观赏山川风月和名士风流。

逍遥游

大约从王导去世到谢安去世的四十多年间(339—385 年),是整个东晋最为安宁的时代。门阀世族专政的格局暂且稳定、平衡下来,桓温、谢安也基本实行王导"镇之以静"的方略。在这较为和平的日子,士风又有了新的变化。名士们虽仍挥麈清谈,但似乎觉得单纯的论辩未免空洞;他们虽然也任诞,又似乎觉得赤裸裸的任诞未免粗俗。老庄玄学思想已经深入到他们骨髓、血液和心灵中得到"升华"。他们追求更高层次更高品位的东西,追求雅致、蕴藉、风流、超脱、逍遥、诗意。他们发觉这一切原来都在山水之中,他们自己的精神家园也在山水之中,山水甚至就是他们自身。他们在山水中体味玄理,安顿精神,抚慰那个时代特有的生命悲感。正是在这种气氛中成就了王羲之父子妙绝千古的书法,也酝酿着不久就要出台的谢灵运的山水诗。

王羲之、王胡之、谢安、孙绰、支遁等,都是这种士风的代表人物。

寄畅山水阴

王导去世的第二年(340 年),庾亮也去世,死前他向朝廷举荐了他的部下、王导的堂侄,郗鉴的女婿王羲之,使王羲之升任为江州刺史,那年王羲之三十八岁。小时候伯父王敦便曾称赞他是王氏的"佳子弟",所以郗鉴选中他为乘龙快婿也并非仅仅因为他"袒腹东床"。

后来朝廷屡次召他进京做官,他都未应命。他不愿跻身那是非之地,而宁可做地方官员,终于在四十五岁那年被任命为右军将军、会稽内史,故后世称他为"王右军"。他非常高兴,因为自从小时候离开临沂的故居南渡后,便在这里度过青少年时代;孝友河、金雀山、银雀山的风光已经模糊了,这里的明山秀水却始终向他招手。当时的大画家顾恺之曾经到过会稽,回京后向人夸耀其山川之美说:"千岩竞秀,万壑争流,草木覆盖其上,仿佛云蒸霞蔚。"他觉得顾恺之描绘得很准确,很生动,不愧是大艺术家的眼光。他早就把这里选作自己的终老之地,何况这里还聚集着当时一些最杰出的名士与诗人,可以做他的酒朋诗侣。他一到会稽,孙绰便来拜访。孙也是名家子弟,不愿做官,居住会稽游放山水已经十有余年,还写过一篇《遂初赋》以抒怀,后来又写了一篇《天台山赋》赞美这里的旖旎风光。他向王羲之推荐了名僧支遁。支遁精通玄理,并用佛理解释老庄的一些命题,给玄学注入新鲜血液,王羲之早就仰慕他的大名。见面之后,便与他谈论《庄子·逍遥游》,支遁一口气讲了洋洋数千言,语言华美,析理新颖,是他过去闻所未闻的,更加令他肃然起敬,感佩不已,邀请支遁住在城内的灵嘉寺,以便日夕请教。又请孙绰做了他的长史,其实也不过挂个名而已,这种人是不会屑于实务的。

在名士中还有一位许询,终生都未曾做官,隐居在会稽郡内的西山。每到月朗风清的夜晚,他便面对泉石,举酒吟诗。他与孙绰齐名,世称"孙许",都善写阐发玄理的"玄言诗",会稽王司马昱曾称赞他的五言诗"妙绝时人"。司马昱是当朝宰相,也十分喜欢山水玄言。会稽所以聚集着这么多名士文人,大概与他当年在这里做王有关。

许询住在西山,另有一位名士住在东山,那便是谢安。谢安当时年近三十,朝廷和方镇已经多次召他出仕,都被他拒绝。谢安聪明、沉静、优雅,但与王羲之的意见不尽一致。王羲之虽然喜欢玄谈,却认为不能过分,更不能荒废政务,重蹈西晋灭亡的覆辙。谢安反驳他说:"秦朝倒是用法治,不清谈,却二世而亡,难道也是清谈的罪过?"说得他无言以对,觉得也似乎有理。

　　他与这些名士们经常聚在一起游山玩水,饮酒清谈,写诗作文,逍遥得很,觉得像伯父王导那样搅在名利场中,实在过得太累。不过他也确实没有荒废政务,没有忘记老百姓和国家兴亡。他曾经给一位朝廷官员写信揭露官僚的贪赃枉法,反映民生疾苦,这信现在还保存着。另外,当时两个举足轻重的大臣桓温、殷浩不和,他曾亲自前去协调,劝说他们以国事为重,但谁也不肯退让。后来殷浩将举兵北伐,以提高自己的声威,扩大自己的权力,压倒桓温。桓温自然抱着不合作的态度。王羲之认为必败,便写信劝阻殷浩,殷浩不听,北伐果然惨败。

　　不过他从未打算到朝廷做官,对他最有吸引力的毕竟还是山水诗酒。他患有轻微的晕眩症,几年犯一次。有一次在昏迷中写了一首诗,

取欢仁智乐,寄畅山水阴。[①]

孔子说:"仁者乐山,智者乐水。""仁智"就是山水,他要在山水中汲取和寄托他的欢快与舒畅。看来对山水的爱好,已经进入他的下意识。

---

① 即《答许询诗》,见《先秦两汉魏晋南北朝诗》晋诗卷十二。

伤心千古《兰亭序》

但山水引发的愉悦只是暂时的,与"举杯消愁愁更愁"同理。这在王羲之流诵千古的《兰亭序》中鲜明体现出来。

永和九年(353年)暮春三月三日上巳节,四十多位名士会集在会稽山阴之兰亭(在今浙江省绍兴市西南约二十五里处)修禊、饮酒、谈玄、赋诗,这就是有名的"兰亭禊集"。王羲之是这次集会当然的东道主,因为他是会稽的一郡之长。关于兰亭雅集的情况与过程,在《华丽家族:六朝陈郡谢氏传奇》一书中讲得比较详细,这里不再重复,只说一说王羲之本人的作品。参加集会的名士都要赋诗,否则罚酒。王羲之在他的诗中写道:

> 大矣造化工,万殊莫不均。
> 群籁虽参差,适我无非新。

造化的功绩是多么伟大,世间万物无不承受着它的恩泽。当它把春天再度赐给大地时,动植飞潜,大大小小,都是一派生机,一派新意,令人适情悦意。接下去写道:

> 虽无丝与竹,玄泉有清音。
> 虽无啸与歌,咏言有余馨。
> 取乐在一朝,寄之齐千令。①

---

① 即《答许询诗》,见《先秦两汉魏晋南北朝诗》晋诗卷十二。

虽然没有丝竹管弦等乐器伴奏,但却听得见幽谷细流在淙淙流淌,这比任何乐器都更美妙动人;虽然没有歌唱咏啸,但娓娓的玄谈却余味无穷,似乎每个人都齿颊生香。是的,欢乐短暂,嘉会易散,但探讨的却是永恒的人生真谛,它将千秋万岁永不刊灭!

这就是玄言诗,但它在玄理中已经融会进山水美景,或者说它借着山水来引发阐释玄理。其他名士的诗大致也是如此。这些诗已经孕育着谢灵运、谢朓以至王维、孟浩然等美妙的山水诗的胚胎,所以会稽名士们在文学史上也应该写上一笔。

不过这些诗毕竟还不成熟,更值得一提的是王羲之写的《兰亭序》。兰亭雅集的名士们的诗篇后来编在一起,王羲之写了这篇序。序中先是描绘了兰亭的春日丽景,然后笔锋突然一转,露出悲音,说人们往往在美景中沉醉,忘记了老之将至,等到事过境迁,才蓦觉人生易逝,良辰难再,不禁感慨系之。他叹息道:

> 古人云:"死生亦大矣。"岂不痛哉!……固知一死生为虚诞,齐彭殇为妄作,后之视今,亦犹今之视昔,悲夫![1]

说什么生与死都是一样,长寿与短命没有差别,今日方知庄子的这种论调全属荒诞!后人将悲叹我们不过是匆匆过客,正如我们今天也是这样悲叹前人!

这篇短文典型地表现出当时士人们的心态和时代精神。大概由于

---

[1] 《全晋文》卷十八《王羲之》。

社会的长久动荡丧乱,庄子那悲观颓丧的人生哲学的长久渗透积淀,东晋士人大都感情细腻、脆弱、易感,普遍存在着一种生命的悲剧意识。当时有位名士张湛写过一本《列子注》,在序中说"群有以至虚为宗,万品以终灭为验",意谓存在的一切都是虚无的,宇宙万物终将灭亡。这是《列子注》的根本命题,也是当时人们关心的根本命题,即人的生死解脱问题。《兰亭序》所表达的也是这个主题。它带有一定的永恒性,所以直到今天也会引起某种共鸣,因而流传不衰。

无法逍遥的忧国心

永和十一年(355年),王羲之辞去会稽内史的官职。辞职的原因其实很微不足道。最初,他本与太原王氏子弟王述齐名,不过他有点瞧不起王述。王述先为会稽内史,因母亲去世离职,在会稽郡内守丧。王羲之代替他的职务后,只到他家吊唁过一次,再未拜访,王述很不满意,耿耿于怀。后来王述提升为扬州刺史,成为他的顶头上司。王述在赴任前遍巡会稽全境,却没有拜访王羲之,只是在出发前与他告了一下别。这显然是对他的报复,损伤了他的自尊心。他向来认为自己的才能在王述之上,而现在的地位却在王述之下,并且要直接受到他的管辖,觉得有失面子,便派人到朝廷要求将会稽从扬州分划出去归属越州。朝廷不允。于是他便在这年九月的一天来到父母坟前,对着亡灵发誓辞职,永不复出。不过他并没说出自己的真实想法,只是讲了一些"止足"之类的大道理。王述也是一位落拓的名士,并不是多么凶险的人,他们之间的失和其实只为一点芥蒂小事和名士的矜持自尊,因而王羲之的此举就被后人讥为外似旷达而内实狭隘。

去职以后,王羲之更是无官一身轻,愈发逍遥。他有七子一女,除小儿子王献之外都已成婚,有十六个孙儿和外孙,可谓子孙满堂,心满意足,几乎没有什么事情使他牵挂了,便天天与会稽境内的名士游山玩水,钓鱼种花。谢安当时仍未出仕,二人过从尤密。他还常常向住在境内的道士许迈求教养生之术,一起出去采集药石,遍游临近各郡的名山佳水,以至泛舟海上。他情不自禁说:"我王羲之终将快乐而死!"又在写给许迈的一封信里说:"服足下五色石膏散,身轻,行动如飞也。"①

不过王羲之的内心并不能完全逍遥,他始终念念不忘国事。王羲之是这样的人:他既追求精神的自由超脱,又不像一般名士那样对一切漠不关心;既不贪恋权势地位,又留心国家大事。升平二年(358年)豫州刺史谢奕去世,有人提议让桓温的弟弟桓玄继任。王羲之的堂叔兄弟王彪之当时为尚书仆射,他认为桓氏的势力过大,豫州又是军事要地,不可再为虎添翼,便推荐了谢安的弟弟谢万,以便牵制桓温。王羲之却认为此举不当。他与王彪之看问题的角度不同。他虽与谢万是好朋友,但觉得这个人过分落拓不羁,任诞放达,不宜统领大军,镇守一方。于是他便给朝廷写信提出自己的看法,未被通过,又给谢万本人写了一封信,劝勉他凡事严以律己,与下属同甘共苦。谢万当然也不会一改名士之习,果然在作战中一败涂地,只身逃回,被废为庶人。

也就在这年,王彪之出任会稽内史。这对堂兄弟有了经常聚谈的机会。

升平五年(361年)王羲之去世,据说埋葬在会稽境内的纻罗山下,

---

① 《全晋文》卷二十六。

墓前有孙绰撰文、王献之书写的石碑。离此不远有一条小溪,溪旁有一块方形的石头,传为当年西施浣纱之处。他就在美丽而缥缈的古老传说中长眠,实现了终老于此的宿愿。

落拓之性,出自门风

在王羲之的平辈中还有一位逍遥者,即王廙的儿子王胡之。

谢万曾评论王耆之:"落拓之性,出自门风。"王胡之便是王耆之的哥哥,其实他比乃弟更"落拓"些。这句话中深可注意的是"门风"二字,它是在长辈的价值观念、生活取向、人生态度影响下所形成的传统,既有传承性,也有变异。我们说王氏家族与谢氏家族相比更加追求权势,那只是就主导倾向和代表人物而言的,并不能涵盖它所有分支的不同门风。王胡之兄弟比较"落拓",即比较倾向于老庄超脱、逍遥的思想作风,影响到其后的好几代人。特别是王胡之的子孙们,在宋齐时都以"朝隐"闻名,与王氏家族主流派的思想倾向不同。

王胡之与王羲之年龄相仿,性格也相似。他曾任吴兴太守,后来征召入京为朝廷官员,被他拒绝。当时会稽、吴兴、吴郡都是人们所向往的"佳郡",风景优美,生活富庶,多由世家子弟充任行政长官,所以王羲之、王胡之都不愿离开这些地方。王胡之在吴郡也像王羲之在会稽一样,游山玩水,观赏佳景。郡中有一个不大的湖泊名叫"印渚",风光尤为秀丽,使他流连忘返,赞叹说:"这里不但令人心情舒畅,也觉得日月特别清朗!"

王胡之与谢安是好朋友,谢安曾经说他最有雅人高致,堪为自己隐遁山林的伴侣。他与谢安曾经写诗唱和,二人的诗都保存下来。他在诗中写道:

> 巢由坦步,稷契王佐;太公奇拔,首阳空饿。
> 各乘其道,两无贰过。愿弘玄契,废疾高卧。①

在他看来,栖迟山林的隐者巢父、许由,辅佐舜、禹的功臣稷、契,乘时而起立功成名的姜太公,不食周粟饿死在首阳山上的伯夷、叔齐,他们或显或隐,或出或处,各有信仰,各从所好,却并不矛盾。那么他呢,则宁愿遵行老庄之道,高卧山林。

这反映了他的思想和生活态度:隐居逍遥。也反映了当时的一种普遍思想:调和儒、道。

逍遥兄弟

在王羲之的七个儿子中,以第五子王徽之、第七子王献之最出名,他俩把逍遥的门风推进一步,简直走向放达、诞傲了。

王徽之曾在车骑将军桓冲手下任骑兵参军。顾名思义,这个官职自然要管到马匹的事情。但他完全是一副"名家子"的习气,常常披头散发,衣冠不整,根本不把公事放在心上。有一次桓冲遇到他,故意问他在这里担任什么官职,他回答:"好像是马官。"桓冲又问他管了几匹马,他说:"我连马都没见到,怎知马数!"又问他最近马匹死了多少,他引用《论语》中的话回答:"不知生,焉知死!"桓冲哭笑不得,叮咛他说:"府中的事情,请你多多费心。"王徽之似乎没有听见,凝望着西边的天际和翠绿的山岭,答非所问:"西山今天早晨的空气好清爽呀!"看起来他似乎是有口

---

① 《答谢安诗》,《先秦两汉魏晋南北朝诗》晋诗卷十二。

无心,其实是有言外之意。他要告诉桓冲:在他的心目中,大自然比什么马呀、驴呀的俗事更重要。桓冲是桓温的弟弟,桓温与王羲之是朋友,因而也不便责备,只能由着他去。

有个成语与王徽之有关。有一年冬天他住在山阴故居,白天下了一整天雪,到夜晚才放晴。雪后的天空格外明净,月色也加倍清朗,四面望去,银妆素裹。他一面观景,一面饮酒,还吟咏着左思的《招隐诗》,由诗中描绘的隐居的意境想到古往今来的隐士,由隐士又想到自己的朋友、当代有名的隐者戴逵就住在邻县。于是他当即乘一叶小舟,连夜前往拜访。及至来到戴逵住处,天已微明,他忽然又转回身来,走到河边,登上小船吩咐船夫返回。当有人问他何以如此时,他说:"我本来就是乘兴而来,现在兴尽而返,何必非见到戴逵本人呢?""乘兴而往,兴尽而返"成为沿用至今的成语。重视自己内在的心灵世界,重视自己情感、兴致的宣泄与满足,轻视身外的具体目标,是任达派名士的传统特点。这样的人显然不会对官场的争权夺利感兴趣,因为那需要矫情,需要虚与委蛇。

王徽之酷爱竹子。他听说有位士人家有好竹,便乘轿径直闯到人家园中,在竹下观赏啸吟良久。主人听说他就是大名鼎鼎的王徽之,喜出望外,引为幸事,连忙洒扫迎接。王徽之不屑一顾,因为他感兴趣的是竹子,而不是人。回到家中,立即吩咐在院落中全都种上竹子,说是"何可一日无此君"!

王献之也有一个私闯民宅的故事,不过却未受哥哥那样的礼遇。有一次他因事路过吴郡,听说一户人家有座名园,便乘轿贸然而入。此刻这家主人正在园中宴客,王献之也不理会,只是游观。主人很生气,责备他说:"你傲视主人,是无礼;倚仗富贵骄人,是无道。无礼无道,不足挂齿！"于是便把他赶出门去。王献之傲然而去，不屑计较。

但王献之虽被称为当时的风流领袖，其实头脑是很清醒的，颇受谢安的赏识与爱重，聘为自己的官属。他对谢安的知遇之恩也终生不忘。

这对逍遥兄弟看似漫不经心，却很重骨肉之情。他俩同时生了重病。王徽之听说人死可以替代，便请来一位术士，要求自己代弟而死。术士说他本人的寿限也已到头，无法替代别人。不久，王献之先去世。徽之并不哭泣，只是取下弟弟生前弹的琴来在灵前弹奏，但琴声怎么也调不好。他叹息说："呜呼，人琴俱亡！"过了一个多月，他自己也去世。

儿女情

在这个中衰时代的王氏子弟中，还有两件风流旖旎的儿女韵事值得一述。

《桃叶歌》

一件就出在风流才子王献之身上。

据说王献之有位爱妾名叫桃叶，聪明伶俐，楚楚动人，二人感情深笃，王献之为她作了两首《桃叶歌》：

> 桃叶复桃叶，桃叶连桃根。相怜两乐事，独使我殷勤！
> 桃叶复桃叶，渡江不用楫。但渡无所苦，我自迎接汝。[①]

[①] 据《玉台新咏》卷十八、《乐府诗集》卷四十五。

用的是当时江南民歌的情调,语言清新、流美、通俗,用不着多做解释。后来,又有人附会说"桃根"是桃叶的妹妹。

江南民歌曲调和语言清丽优美,唱的都是真挚感人的儿女之情,所以很受风流名士直至达官贵人喜爱,早在王献之之前就有人仿作,不过也被有些道貌岸然的人斥为"委巷歌谣",伤风败俗。从王献之所处的时代和他的个性来说,写出这样的歌谣并不奇怪。

如果说这件事情终究令人将信将疑,那么他的另一桩儿女情事却是确凿无疑的,不过这是一场婚姻悲剧。

王羲之晚年,曾为小儿子王献之向郗鉴的弟弟郗昙之女求婚,书信俱在。后来王献之与郗昙的女儿结了婚。再后来不知什么原因又与郗氏离了婚,另娶晋简文帝的女儿余姚公主。想来是他主动提出离婚的,所以后来一直都很内疚。王羲之一支世世代代信奉五斗米道。根据教义,信徒在死前要"首过",即检讨自己平生的过错,很像基督教的"忏悔"。王献之临死,法师问他平生有何憾事,他说:"别的都没有,只是常后悔与郗家离婚。"

现今还保存着的王献之的一幅法帖,据说就是写给前妻郗氏的信。信中说:

> 方欲与姊极当年之匹,以之偕老,岂谓乖别至此!
> 诸怀怅塞实深,当复何由日夕见姊耶?
> 俯仰悲咽,实无已已,惟当绝气耳![1]

---

[1] 《全晋文》卷二十七。

"姊"即指郗氏女。想来当时离婚也有难言的苦衷,不过责任终究在王献之身上,所以他终生都承受着良心的谴责。"惟当绝气耳",他把白头偕老的希望寄托在来世。

《团扇歌》

另一件风流韵事出在王珉身上。

王珉是王珣的弟弟。王珣的后代成为王导一门最重要的分支,在南朝出了不少地位显赫的人物,王珣本人也是王氏家族在东晋末期最重要的人物,以后还要讲到。

王珉也是风流名士,多才多艺,尤其擅长书法和诗文。他与王珣都崇信佛教。有位外国名僧提婆来到建康,兄弟二人把他请到家中,听他讲解佛教经典《毗昙经》。听到一半,王珉便已领悟,跑到别的房间讲给其他僧人听,虽然不很精到,但大体上没什么差错。当时他还只有十几岁。后来兄弟二人把自己的两座别墅捐给寺院,成为东西二寺。

王珣的妻子是谢万的女儿,有个丫环叫谢芳姿,长得很漂亮,与王珉偷偷相爱。年轻的王珉经常手持一把白色的团扇,风度翩翩,人称"团扇郎"。有一次谢芳姿不知犯了什么过错,谢夫人把她打得很厉害,王珉恰巧从门前经过,便进去为她说情。嫂嫂知道他与谢芳姿的关系,便笑着说:"芳姿会唱歌,你让她给我唱一支,便饶过她。"

在王珉的请求下,她唱了一首《团扇歌》:

> 白团扇,辛苦互流连,是郎眼所见。

王珉说:"你还没唱完呢!"于是谢芳姿接着唱道:

白团扇,憔悴非昔容,羞与郎相见。①

后来,《团扇歌》便在民间传唱开来,人们把歌词改得更完整,更优美。

王珉及王献之虽然都如此风流倜傥,以后却都做到中书令的高位。不过他们总改不了名士习气,不很热衷权势。

进取者

在这个时期的王氏子弟中,较为进取的是王彪之、王珣。

王羲之去世的前一年(360年),谢安终于走出东山,开始了他的政治生涯,那时他已过了不惑之年。他先为桓温的下属,后来调到朝廷崭露头角,成为举足轻重的风云人物。在他那灿烂光环的笼盖下,王氏子弟纵使有进取者,有位高者,也都显得黯然失色。那是"谢与马,共天下"的时代。

王氏青箱学

王彪之是王氏家族在这个较为中衰的时代中,唯一一位进入最高决策层的人物。他是王彬的儿子,王导的从侄,因为二十多岁时便

---

① 《乐府诗集》卷四十五引《古今乐录》。

已须发皆白,人称"王白须"。他在仕途上能够不断提升,主要靠的是学问和梗直的人品。他精通礼学。礼学在古代包括的层面很广,大凡历史上的朝章国典、文物掌故、制度仪式、等第秩序等知识都在内,是朝廷上每件重大举措的借镜与依据,因而历来都受到重视。凭借知识获取权力的人也往往要笃信自己的知识,恪守这些知识所引申出来的政治与生活原则,否则他就失去了立足的支点。王彪之正是这种人物。他是礼学专家,又是礼制的遵行者,为人方正,依礼行事,深恶一切违背与僭越礼制的行为,很少顾及到门户私利,这便与王导等人那种灵活的权变不同。这种忠贞的态度当然会受到朝廷的喜欢,但因不善权变,却很难获取炙手可热的权势,不可能扭转王氏中衰的局面。

在王彪之官场生涯的后期遇上两个执权者,前为桓温,后为谢安。对他们的非礼行为,他都持鲜明的反对态度,毫不附和讨好。当然这两人越礼行为的性质是不一样的。

他不满桓温的野心勃勃,践踏君臣之礼。他与桓温的斗争,就其大者而言主要有三次。

一次是在兴宁三年(365年)。前面已经说过,在此前的升平二年(358年),当王羲之还在会稽的明山秀水中作逍遥游时,他从朝廷出任为会稽内史,在这里一干就是八年。由于他为人方正,执法严格,不讲情面,当地一向横行乡里的豪强大族对他望而生畏,不法的气焰大为收敛。过去受不了他们欺压而逃亡他乡的农民三万多户,几年之后都陆续回返家园。兴宁三年,桓温从武昌移镇姑孰控制朝廷,同时任命两个弟弟桓冲、桓豁镇守军事重地。这样,朝廷的命运实际上便操纵在桓氏手中,有些乖巧的地方官员也争相向他献媚表忠,派遣自己手下的得力僚属到他那里效力,实际上是表示随时听候调遣。不派人前往的只有王彪之等数人。他公然说朝廷自有宰相,可以请示汇报,如果派人向桓温效劳,那又将天子置于何地!桓温对他怀恨于心,便寻找由头奏免了他的官职,后来又将他逮捕入狱。幸而这时遇上朝廷大赦,他被改为降职使用。朝廷知道他的忠心,又于这年十二月调他回京任尚书仆射的要职。过了几年谢安也调到朝廷,他们二人再加上一位太原王氏子弟王坦之便联合起来,限制桓温越来越膨胀的野心。

第二次是在太和六年(371年)。桓温北伐失利,威望下降,为了重振声威,慑服百官,决定废掉皇帝司马奕,立会稽王司马昱为帝。王彪之知道此事已很难逆转,也没作正面反对,只是要求他既"废昏立明,匡扶朝廷",便应当按礼行事。他通过拟定废立的礼度仪制来限制桓温的权力,防范他进一步的非礼之举。

第三次是在次年司马昱死后,孝武帝司马昌明即位,因为他当时只有十一岁,崇德皇太后褚氏打算请桓温摄政,即做代理皇帝。谢安、王坦之都不同意,王彪之更明确要求太后收回成命。桓温得知后,十分怀恨他们三人。第二年三月桓温病重,想在生命的最后时刻实现自己的野心,便派人向朝廷要求"九锡",并命文士袁宏草拟了《九锡文》。"九锡"原是皇帝赐给建立不世之功的大臣的九种物品,后来成为权臣篡逆的先兆。袁宏先把《九锡文》拿给王彪之看,王彪之说:"你确有大才,但怎能写这种文章!"袁宏又给谢安审阅,谢安也不提什么具体意见,只是让他一遍遍修改。袁宏不知毛病何在,又来请教王彪之。王彪之笑道:"谢安的用意你还不明白吗?桓温病情日益沉重,你又何必着急!"袁宏这才恍然大悟,便故意拖延,直到桓温病逝,此事不了了之。

桓温死后,由谢安、桓冲、王彪之辅政,其实政令大多由谢安出。王彪之与谢安关系一向不错,两家又是世交,但对他做出的不合礼度之事,也不留情面批评抵制。谢安为了把桓冲挤出朝廷,打击桓氏的势力,请褚太后临朝决政,由他在后面出谋划策。王彪之认为这不合乎礼度,引经据典加以反对,不过终究未拗过谢安。谢安讲究豪华排场,想重修宫室。这次王彪之则毫不让步,认为北方强寇未除,正是与民休息之时,不可大兴土木,扰害百姓。由于他义正词严,谢安不得不暂时放弃自己的打算,直到王彪之去世(377年)的第二年才正式动工。

王彪之就是这样终生都维护礼制,实际上也便是维护晋室的利益,可谓司马氏的忠臣。他曾任礼官(太常卿),留下的不少文章全是关系于礼仪制度、朝章国典的。据说他把有关礼学的书籍、文件、资料和个人著述全都放在一只箱子里,连同他的立身、立朝原则一起传之后人,因而在后代子孙中形成一种传统,被称为"王氏青箱学"。王胡之的一支倾向于老庄,王彪之的一支倾向于礼度,都不是王氏家族的主流派,主流派是玄礼双修、善于权变的王导一支。

王谢交恶

王珣便是王导一支的重要传人。在这个时期,王羲之、王彪之的小字辈中,他的政治进取心最强。不过他的事业主要在下一个时期,此时他受到谢安的压抑。

王谢两家是世交,关系一向不错,王珣娶了谢万的女儿,王珉娶了谢安的女儿,后来两家失和,双双离婚。事情大约发生在太和六年(371年)之后,当时王珣为黄门侍郎。桓温死后,谢安执政,朝廷有关方面为讨好谢安,顺应着他的心理,将王珣出为豫章太守,被他拒绝。到谢安去世之前,他只做到负责秘阁图书的秘书监之职。

王谢交恶的原因不明,史书上只是说双方"以嫌疑致隙"。谢安并不是一个心胸狭隘刻薄的人,责任似乎主要在王珣这边。王珣功名心重,又颇有权谋,早年曾在桓温手下任职,极为桓温所信重。这当然不是王谢失和的原因,因为谢安、谢玄也都曾为桓温的掾属,并都为桓温所重。问题在于王珣始终属于桓温一党,长期追随桓温。桓温有两个最得力的助手,一个是参军郗超,另一个便是主簿王珣。郗超多须,人称"髯参军";王珣身矮,人称"短主簿"。二人都工于心计,常常替桓温出谋划策,桓温也言听计从,所以当时流行着一则韵语:"髯参军,短主簿,能令公喜,能令公恶。""公"便指桓温。郗超十分忌恨谢安,因为他父亲资历比谢安深,地位却比谢安低。他对谢安的妒忌常常形之言表,曾劝桓温杀掉谢安。桓温废立皇帝以重振声威,主意就是他出的。也就在这一年,王珣随桓温出征有功被封为东亭侯。他是否也参与了策划已无法知道,但至少谢安不免生疑,嫌隙大约就由此而生。

所谓王谢交恶,其实只限于谢安与王珣兄弟的疏远,并不影响与其他王氏子弟的友好关系,比如他对王献之就很看重,王献之也终生感戴他。太元十年(385年)谢安病故,朝廷上对他的葬仪和追赠有所分歧,王献之则极力表彰他的道德事业。当王珣听到谢安去世的消息后,立即找到王献之说:"我想去哭谢公。"这出乎王献之的意料之外,便鼓励他说:"这正是我所期望于你的呵!"魏晋名士即使关系失和,表面上也总是温文有礼,否则怎么称得上名士风度、雅人高致呢?

到了下一个时期,王珣才成为王氏家族的主角之一。

第五章　火中取栗

恬、珣踵德,副吕虔之赠刀;谧乃赜声,惭刘毅之征玺。语曰:"深山大泽,有龙有蛇。"实斯之谓也。

——《晋书》卷六十五《王导传》

时　　间:东晋后期(约公元386—420年)。

主要人物:王珣,王谧,王廞,王诞。

谢安之死是东晋门阀政治走向崩溃的标志。当一种沿袭已久的政治格局发生改变之时，总要引起或大或小的震荡。"受命于天"的皇帝不会长久甘于与臣子"共天下"的局面，他要夺回失去的那部分权力，伸张皇权；门阀世族也不会轻易放弃这种局面，要采取种种形式进行抵制。于是在东晋后期，围绕着最高权力之争的轴心，引发了全面的动荡。皇族与士族之间，皇族内部之间，士族与士族之间，低级士族与皇族和高级士族之间，甚至平民与整个统治者之间，斗争犬牙交错，令人眼花缭乱。最后崛起的低级士族代表人物刘裕渔人得利，建立了新的王朝，也改变了原有的政治格局。因此东晋这最后的四十余年，可以说是两种政治格局、两个朝代之间的过渡期，而对于王氏来说，则是由中衰到复盛的过渡期。利用政治动荡和权力更迭的机会火中取栗，原是获取权势的通则，更是王氏家族的传统手法。于是我们看到逍遥放达为急功近利所代替，山水之娱为权力追逐所代替。其中最活跃的人物主要是王导一支。

抉择与困境

本节所涵括的时间是公元四世纪的最后十几年和五世纪的最初几年，即大约从公元386年到403年。东晋王朝从短暂的安宁又进入纷争的乱世，皇族与门阀世势展开角逐，没有一个能够统摄一切的强有力的权力核心。早在谢安生前，晋孝武帝司马曜便委政于自己的同母弟司马道子，以削弱与分割谢安的权力，加强皇室，改变与门阀世族"共天下"的局面。公元385年谢安去世，司马道子成为宰相，总揽朝政，但他的专断独行又引起司马曜的不满，皇室内部兄与弟、主与相之间展开明争暗斗，各拉亲信,各树党羽,引发了太原王氏子弟王恭的两次举兵向阙,意图恢复门阀当政的局面,这又引发了历时长久的孙恩、卢循之乱。桓温的儿子桓玄则趁势集结力量,反上朝廷,一度篡位,建立了昙花一现般短暂的小朝廷,成为门阀政治的最后闪光。

处于中衰的琅邪王氏不是这些纷乱的主角。王氏子弟也没有一个像王衍、王导那样位高权重的核心人物,他们各自为战,各自抉择着可以依附的势力,以恢复家族昔日的荣耀。但时世本就莫可适从,他们最后也不免陷入进退失据的困境。

大手笔

首先是王珣,他选择了孝武帝司马曜,不过他的态度看起来并不十分鲜明,时常依违于主、相之间。

王珣与弟弟王珉曾受到谢安的压抑。谢安去世后,司马道子当权,二人很快得到提升,俱为侍中。中书令王献之病逝,王珉又填补了这个空缺,但不久也病故。

将王珣引荐给皇帝的,据说是太子少傅、东海人王雅。一天晚上,王雅、王国宝等人奉陪司马曜饮酒观乐,席间王雅谈起王珣的德行与才干,引起司马曜的好感,当即要下令召见,却为王国宝所阻。王国宝是一个奸佞无行的小人,曾经在司马道子面前中伤自己的岳父谢安,加上他的堂妹又是司马道子的宠妃,便利用这层裙带关系不择手段奉迎巴结,成为司马道子的得力心腹与党羽。他与王珣都曾为谢氏的女婿,并且都曾为谢安所不喜,彼此并没有什么积怨。但他深知王珣的风度才华远在自己之上,怕在司马曜面前相形见绌,失去好感,同时他作为司马道子一方的党羽,也不愿王珣受到重用,增加帝党的力量。于是他便对司马曜说王珣是当今名流,不宜在酒色之中召见,免得为其所轻。司马曜觉得他的话也有道理,当晚没有召见王珣。

不过王珣毕竟给他留下难忘的印象,加上他与司马道子的明争暗斗愈演愈烈,为了加强自己的力量,便于太元十五年(390年)擢升王珣为尚书右仆射的要职,地位仅在司马道子之下。此时属于帝党的,除王珣、王雅外,还有王恭、殷仲堪等人;属于相党的,有王国宝及其堂弟王绪,以及其他一些趋炎附势之徒。就在提升王珣的同年,司马曜又任命王恭为兖、青二州刺史,统领能征善战的"北府兵",镇守京口(今江苏镇江市);两年之后,又任命殷仲堪为荆州刺史,镇守江陵。这样长江上、下游的两个军事重镇都掌握在帝党手中,牵制在朝廷执政的司马道子。有人提出趁势除掉司马道子及其党羽,但司马曜碍于母亲的袒护,不好动手,于是帝党、相党,相持不下。帝党中的王恭是皇后的哥哥,相党中的王国宝则是司马道子之妃的堂兄,二人都属太原王氏家族,又都是两派中最活跃的中坚人物,因而所谓帝党、相党之争,从另一方面看又是后党、妃党之争,是太原王氏的两支之争。二人都企图取得对皇室的控制权,与皇室"共天下"。

太元二十一年(396年)司马曜的死,打破了朝廷上两派势力相持不下的平衡局面。司马曜有一个宠妃张贵人,生得十分美丽,只是已经年近三十,徐娘半老了。有一天晚上司马曜喝醉以后,对张贵人说自己该换个更年轻的妃子服侍了。这不过是他酒后的戏言,张贵妃却信以为真,极为嫉恨,趁他熟睡之际,与几个心腹宫女一齐动手,用被子紧紧捂住他的口鼻,将他活活憋死,对外宣称突然暴病而亡。执政的司马道子也正乐得司马曜早死,因而虽觉蹊跷,却并不深究。

也就在这天夜里,王珣梦见自己手执一枝如椽大笔,第二天醒来梦境犹新,心中一动,似觉有什么"大手笔"之事将落在自己身上。果然传来司马曜暴死的消息。王珣博学多识,文才高华,司马曜的哀册谥议等重要文件都由他起草,这在古代被称为"大手笔"。这天他正在家中撰写《孝武帝哀策文》,完稿以后反复吟诵几遍,觉得还算满意,只是以下几句中似乎还缺少点什么:

> 泰山颓沟,洪渎竭津,何殃之甚,何酷之殷! 自罹旻凶,二气代变。帷幄空张,肴俎虚荐……①

这是用高山大河等自然景物的剧变来渲染司马曜暴崩的惨痛和悲哀气氛的。他想来想去,才发觉应在"二气代变"之后补充几句景物描写,方不显空洞。但反复推敲琢磨,始终想不出恰当的句子。正在此时,堂侄王诞走了进来。王诞是王恬的孙子、王导的曾孙,当时年方二十出头,也以文才闻名。王珣便请他帮忙推敲。他将哀策文轻轻念了一遍,略一沉吟,便提笔添上两句:"霜繁广除,风回高殿。"意谓严霜布满宽广的阶墀,寒风回荡在高峻的宫殿。凄厉的秋景,正可衬托人间的巨大哀痛气氛。王珣十分满意。叔侄二人合作的这篇大作,一直保留至今。不过此类冠冕堂皇的例行公文虽极力铺张渲染,却没有真情实感,算不上什么艺术作品。

---

① 《全晋文》卷二十。

"胡广"方针

司马曜死后,司马道子扶植太子司马德宗上台,史称晋安帝。司马德宗比西晋时的憨皇帝司马衷还要憨。司马道子当然乐得这样的傻瓜上台,以便名正言顺摄政,代行皇帝的职务发号施令,不必像司马曜在位时那样总要有所顾忌。不过他也是个纵酒荒淫之徒,并没有心思治理朝政,便把朝廷大事推给心腹王国宝。王国宝便更加肆无忌惮起来,排斥异己,扶植亲信,一心巴结司马道子,引起朝廷内外的嫉恨。

属于帝党的王珣看到形势不利,便采取祖上王祥、王戎的传统做法:沉默。他对王国宝等人的胡作非为视而不见,装聋作哑,不置一词,一切立足于保重自己,等待时机。

王恭的态度与他不同。王恭现在成为皇帝的舅舅,又自恃有北府重兵,说话无所顾忌,并不把司马道子、王国宝之流放在眼中。他在入朝参加司马曜的葬礼期间,一再当面申斥司马道子宠信小人,任用奸佞,指的显然是王国宝等人。司马道子也不能不惧他三分。

王国宝、王绪也深知王恭的矛头所向,对这位本家恨之入骨,曾经设想说服司马道子趁他入朝之机布置伏兵把他杀掉,但又担心他握有重兵,又有国舅的身份,弄不好把事情闹大无法收拾,因而不敢轻举妄动。

王恭也对王国宝等人恨之入骨,有人劝说他利用入朝之机发兵诛杀王国宝,他也担心王国宝羽翼颇多,犹豫不决,便与王珣商量,希望得到王珣的支持,因为他在朝野享有盛名,富有号召力。王珣处于两股敌对的势力中间,形势又很不分明,感到左右为难,因而必须小心翼翼,不能轻易把赌注押到任何一方。他虽然也暗恨王国宝,又怕事情不成,自己成为牺牲品,便说服王恭暂且隐忍,等王国宝的劣迹暴露无遗后再动手,否则兴兵朝廷,难免落下大逆不道的罪名。王恭见他态度暧昧,明哲保身,只得打消诛杀王国宝的念头,但又实在不平,便悻悻地责备王珣说:"我看你近来犹如胡广!"胡广是东汉时的大臣,屈服于权奸梁冀的淫威,在朝廷不敢直言,委曲求全,为士林所讥笑,说是"万事不理问伯始(胡广字),天下中庸有胡公"。王珣在当时采取的就是胡广的立朝方针:"万事不理""中庸"。所以《资治通鉴》卷一百〇八胡三省在注释中评论他说:"依违权奸之间以保禄位。""以保禄位",正是王珣的深层心态。

不过王珣的处境确实也很困窘、险恶。司马道子、王国宝始终对他心怀猜忌,视为异己。王恭回到京口以后,于第二年联络了荆州刺史殷仲堪等人举兵,历数王国宝的罪状,胁迫朝廷予以惩办。司马道子惊慌失措,又怀疑王珣知情不报,内外勾结,召来严加责问,王珣据理力争,一概否认。王绪则向王国宝提议先杀掉王珣等几个有声望的朝廷大臣以绝后患,然后以朝廷的名义发兵讨伐王恭等人。王国宝本是色厉内荏之徒,将王珣等人召到朝廷却又不敢下手,反而向王珣问计。王珣趁机说:"王恭等人与你并无深仇大恨,无非争权夺利而已。你只要将官位让出,他们自然相安无事。"其他人也持此种意见。于是王国宝便上疏请求自行解职,听候发落。事后他又觉得上了王珣的当,要求官复原职,但悔之已晚。司马道子见王恭来势汹汹,殷仲堪也在上游虎视眈眈,犹如弓在弦上,顷刻即发,只得采取丢车保帅之策,以王国宝、王绪为替罪羊,斩首示众,堵塞住王恭举兵向阙的借口。

王恭退回京口。王珣也在斗争的夹缝中渡过一个难关。

《长史变》

不过另一个王氏子弟却在这场事变中成为牺牲品,那便是王廞。

王廞字伯舆,是王导第六子王荟的儿子,王珣的堂弟。他为人狂热,功名心重,急于进取。王荟生前曾为吴郡太守,举家居住吴郡这个浙东的富庶之地。王廞本在朝廷上任司徒左长史,因为母亲去世,离职回吴郡服丧,其间也免不了游山玩水,借以排遣哀思。他曾登上郡内的茅山之巅,举目四望,见天地广袤,岁月无穷,不禁想到人生的短暂,功名的不易,无端大哭道:"我琅邪王伯舆,终当为情而死!"

王恭举兵讨伐王国宝之时,发布王廞为吴郡太守,就地募集东南一带的力量加以策应。王廞觉得这是一个建功立业博取势位的良机,便欣然应命,在郡内召募到一万多兵丁。同时又异想天开,以自己的女儿为贞烈将军,统领一批女兵,以当地人顾琛的母亲孔氏为军中司马。趁此混乱之际,他杀死了不少平时与自己不合的人。他满以为大兵一动,南北呼应,很快就会杀上京师,高官厚禄唾手可得,因而并不留什么退路。

但事与愿违,王恭并不关心他的命运与梦想。司马道子杀死王国宝之后,他撤兵京口,并宣布解除王廞吴郡太守之职,仍回原地继续服丧。这样王廞便陷于进退失据的境地:进既不可,退回吴郡,又结怨太多。于是他只得一不做二不休,一方面让儿子王泰率兵声讨王恭,一方面又给司马道子写信数说王恭的罪行,请求派兵援助。司马道子为了讨好王恭,送上了这封密信。王恭大怒,派遣淝水之战的名将刘牢之率兵出击,先是杀了王泰,旋又南上攻打王廞。

王廞不过是一介书生,志大才疏,没有任何军事经验,加上儿子被杀,先头部队溃散,自己也众叛亲离,召募来的兵丁更是乌合之众。他见

大势已去,大难临头,十分凄恻,便依江南民歌的曲调作了几首《长史变》歌,教女兵们传唱。其中两首为:

> 出侬吴昌门,清水绿碧色。徘徊戎马间,求罢不能得。
> 日和狂风扇,心故清白节。朱门前世荣,千载表忠烈![①]

"求罢不能",确实是他当时的处境与心境。但所谓"清白""忠烈"云云,不过是自欺欺人的自我标榜而已。他所念念不忘的,是世世代代荣耀无比的"朱门",只有对这个"朱门",他才称得上是"忠烈"的。

就在这凄厉幽怨的歌声中,刘牢之的军队已经杀了上来,王廞在混乱中只身逃跑,不知所终。在这场政治赌博中他输掉了自己的一切,还搭上一个儿子。不过他还留下了另一个更富进取的儿子王华,后来成就了一番事业,这是后话。

"宝刀"的传人

让我们再回到王珣。

王国宝虽然被杀,王恭虽然撤兵,但皇室与世族之间的争斗并未因此平息,反而随着两个年轻气盛、桀骜不驯的人物的成长壮大而日趋激化。一个是属于皇室的司马元显。他是司马道子的儿子,年方十六七岁,聪明自信,文才武略都在乃父之上,有一股初生牛犊不怕虎的劲头。他深知王恭、殷仲堪等人虽暂时相安无事,却终究要成为朝廷祸患,便提

[①] 《乐府诗集》卷四十五。

请父亲严加防范,并自任征虏将军,统率精兵良将。另一个是属于门阀世族的桓玄。他是桓温的儿子,文武兼备,野心勃勃,一心要恢复桓氏当年的权势。朝廷上早就对他怀有戒心,但却无法阻挡他势力的壮大。殷仲堪虽为荆州刺史,但桓氏在荆州的门生故吏和潜在势力十分强大,因而也对他畏惧退让。

司马道子为了进一步加强皇室的力量,以司马尚之、休之兄弟为心腹,并增派亲信出镇地方,以牵制和削弱方镇的力量,这样皇室与门阀的矛盾又迅速激化了。晋安帝隆安二年(398年),王恭又联合殷仲堪、桓玄等再次举兵,以刘牢之为先锋,打出讨伐司马尚之的旗号,向朝廷施加压力。

司马元显在这次争斗中初试身手。他受命为征讨都督,统率各路兵马,派遣王珣和谢安的儿子谢琰迎战王恭,司马尚之、休之等人也各率一路兵马迎击其他方镇。但朝廷军队抵挡不住桓玄的凌厉攻势,连连败北,退守建康,司马元显本人据守石头城,王珣守北郊,谢琰守城南的宣阳门。

在这危急之际,司马元显巧妙利用了王恭内部的矛盾。王恭自恃门地高华,对部下傲慢无礼,虽以刘牢之为先锋,却又颇鄙薄这位出身寒素的名将。刘牢之也自恃军事才干与战功,深感耻辱。司马元显知情后,便派人游说刘牢之倒戈,事成之后许他取代王恭的所有职权。刘牢之果然中计,反戈袭击王恭,致使王恭兵败被杀,殷仲堪、桓玄等人也仓惶退军。

王珣在这次争斗中虽未立下具体战功,但却是站在朝廷一方讨伐昔日的同党王恭的,因而得到司马道子的好感。大约就在此年,他的长子王弘年仅二十,被司马道子征辟为骠骑参军,不久又拟提升为黄门侍郎。

王珣觉得他还太年轻,不能胜任,便一再推辞。事虽不成,却可以看出他与司马道子的密切关系。

但好景不长。隆安五年(401年)王珣病逝,追赠为司徒,谥号"献穆"。

王珣是当时的名流,博学多才,儒、释、道兼综,政治上稳健多谋,深沉不露,善于周旋,始终在寻找机会以求进取。但在这王氏家族势力中衰的时代,他虽屡居高位,却一直没有实权。早年为谢安抑制,后来虽地位渐高,但内有司马道子父子执政,外有王恭、桓玄等掌握重兵,他只能依附于某派势力。不过尽管如此,他在王氏家族的宦海沉浮史上却是一个重要人物。《晋书·王导传》评论王氏家族在晋代的历史时说:"恬、珣踵德,副吕虔之赠刀。"吕虔当年曾经向王祥赠送过一把据说预示着权位富贵的宝刀,王祥临死转赠给弟弟王览,后来王览一支果然势位不衰。这把实在的、物质的宝刀是否一直保存,代代递传,不得而知。但它的形象、关于它的传闻却成为一个无形的象征——王氏家族权力势位的象征。从象征的意义上说,这把"宝刀"由王览中经王衍传到王导手中。所谓"恬、珣踵德",意谓王恬、王珣步王导的后尘,接续着王导的功德,把王氏的事业延续下去。王恬是王导的次子,其实并没有什么作为,有愧"踵德"的称许;真正可以称得上"踵德"的是王珣。不过王珣本人也没有很大的建树,他只是王氏家族由中衰到复盛这个过渡时期的过渡性人物,他的儿子王弘、王昙首在刘宋时势位显赫,成为王导以后的又一座高峰。所以,王珣是王氏家族中衰时代的"传刀人"。

冰山难依

在这世纪末的纷乱年代,王氏子弟各自寻找着自己的出路,犹如一群惶惑的惊鸟。那位帮助叔父王珣起草《孝武帝哀策文》的颇有文才的王诞,选择了司马元显为进身阶梯。

司马元显平定王恭之乱后益发骄纵起来,甚至不把父亲司马道子放在眼中,设法夺取了父亲的一些权力,与之分庭抗礼,共同执政。何况司马道子又日夜沉湎酒色,大权集中到司马元显一人手中。朝野的趋炎附势之辈纷纷奔竞于他的门下,司马道子则门前冷落车马稀。在这些趋炎附势之徒中便有王诞。他不择手段千方百计巴结讨好司马元显这样一个乳臭未干的年轻人,不顾自己高华的门第。司马元显纳妾,他亲自为之迎婚。他还极力交好司马元显的宠人张法顺,二人成为司马元显最倚重的心腹与"军师"。

现在司马元显的主要对手是桓玄。桓玄自从王恭被杀退守荆州后,被殷仲堪等人推为盟主,继续与中央对抗。后来他又火并了殷仲堪等人,势力愈大,朝廷上不得不就势任命他为荆州刺史,总管八个州的军事,自称东晋的领土他已占据了三分之二,对朝廷更加骄横,毫不掩饰要取而代之的野心。

晋安帝元兴元年(402年),司马元显在张法顺、王诞的谋划下,自任征讨大都督,以刘牢之为先锋,发布桓玄的罪状,率兵进讨。桓玄也针锋相对,上表指斥司马元显的罪行,举兵东下。

司马元显打算先除掉桓玄在朝廷任职的子弟,消灭桓玄的羽翼,清除隐患。首先便是桓修,他是桓玄的堂弟,正在朝中任中护军之职。幸好王诞是他舅舅,极力替他讲情、开脱、担保,才免除一死。这样,王诞在无意中为自己留下一条后路。

司马元显讨伐桓玄,主要依靠北府将领刘牢之,但刘牢之对他却怀有贰心。他知道司马元显也是翻手为云覆手为雨之徒，自己替他效命，免不了兔死狗烹的命运，打算假手桓玄先除掉司马元显，然后再伺机除掉桓玄，独得渔人之利，于是便于这年三月背叛司马元显，投奔桓玄，致使桓玄大军势如破竹，长驱直入，很快攻陷建康，杀死司马元显、张法顺等人。司马元显临刑长叹道："竟为王诞、张法顺所误！"由此可知，王诞、张法顺是司马元显的谋主。张法顺本无才略，王诞却足智多谋，他虽不大抛头露面，想必经常策划于密室之中。他本人由于对桓修有救命之恩，免除一死，流放广州，在那里等待东山再起的时机。

王氏子弟人数众多，有广泛的社会交际与联系，在危急关头常能化险为夷。另一位子弟王谧的遭际也大致如此。

小朝廷的传玺人

王谧在这场纷乱中选择了桓玄。

王谧是王导的第五子王劭的儿子。王劭美姿容，有风操，曾得到桓温的赏拔器重，因而王谧与桓玄可谓世交。他本人也颇有才华，从小闻名士林，又比桓玄大了整整十岁，桓玄对他一向比较尊重。桓玄起兵之时，王谧正在朝廷任侍中。桓玄兵临城下，晋安帝慌了手脚，派遣王谧到城外劳军，受到桓玄的礼遇。桓玄入京，先后杀死司马道子父子，自任丞相，以子弟桓伟、桓谦、桓修、桓石生等任朝廷内外要职，据守各个军事要津。这样，朝廷大权便落到桓氏手中。王谧也很受桓玄信重，提升为中书令。

桓玄将这一切部署停当之后，便辞掉丞相之职，改任太尉，总管军事，并决定离开京师，出居姑孰。王谧劝他留在建康，像历史上周公那样辅佐朝廷,以稳固根本。桓玄未从,到了姑孰大兴土木,修建林园,遥控朝廷。

桓玄采取的是以退为进之策,他向着自己的目标一步步迈进。他看到朝野对自己昭然若揭的野心似乎并无反抗,便于第二年(403年)九月向朝廷暗示更高的要求与封赏。朝廷上只得派遣王谧来到姑孰,宣读皇帝的册命,封桓玄为相国、楚王,名正言顺执掌朝廷内外的一切大权。到了十月,桓玄终于走出最后一步,令人起草了禅位诏书,逼迫晋安帝照抄一遍,由王谧宣读,并将玺绶等皇权的象征移交桓玄。东晋王朝于是暂时宣告结束,桓玄实现了自己的皇帝梦,改国号为"楚"。这样,他便将门阀政治推到最高也是最后的一步。

王谧由于"开国之功",被封为武昌县公,成为东晋后期王氏家族唯一的一品官员。

当桓玄尚在酝酿着他的皇帝梦时,已经有新的英雄豪杰在切齿扼腕,暗暗集结着力量。螳螂捕蝉而黄雀在后,平静的湖面下涌动着狂涛巨澜。在新的事变中,王谧也受到磨难与虚惊。

飞鸟各投林

这位新的英雄名叫刘裕,小名寄奴。他与王恭、桓玄、王谧等人不同,出身寒微,代表着下层士族的利益。他的崛起具有历史的转折意义,标志着贵族门阀政治被推到顶点以后,物极必反,将由新型的人物加以结束,开创一个新的境界。

从王氏子弟方面来说,在前一阶段的纷乱中由于没有真正强大的权威,他们有点慌不择路,就其所近,各自为战。现在他们逐渐看出拥有辉煌未来的人物已非刘裕莫属,便不能不顺从时势,迁尊屈贵,如同飞鸟各投林般向这位寒人英雄靠拢,追随他去创造自己和家族的未来。

慧眼识英雄

刘裕原是北府名将刘牢之的部下,因为军功,逐渐做到将军、太守。刘牢之兵败自杀后,北府将领人人自危,但刘裕料定桓玄为实现篡位野心,必定要借重北府的力量,故并不畏惧。果然,桓玄的堂兄桓修被派遣镇守北府(京口)之后,为笼络北府兵,便以刘裕为参军,颇为倚重。他还借与刘裕谈话之机,试探刘裕对桓玄篡位的态度。刘裕则投其所好,说是晋室将亡,桓玄登位正是应天顺人,理所当然,自己完全拥戴,愿效犬马之力。这样,桓玄便消除了对北府将领的后顾之忧。

其实刘裕私下却正与几位志同道合的北府将领如刘毅等密谋策划,窥测时机,坐以待变,于元兴三年(404年)二月突然发动兵变,杀了桓修。同日,刘毅等人也在另一个根据地广陵(今江苏扬州市)起兵,杀死桓修之弟、青州刺史桓弘。这样,他们便公开打出讨伐奸贼、恢复皇室的旗帜,会师以后直指建康。桓玄仓促应战,结果大败,只得挟持着憨皇帝司马德宗退回荆州,在那里稍事整顿,集结兵力,然后再度浮江东下,却又被北府兵打得落花流水,他本人兵败被杀,仅仅做了三个月的皇帝梦,也烟消云散了。从此结束了门阀世族控制朝廷的历史。司马德宗则被迎回建安,重新做他的傀儡皇帝。

现在执政的换上刘裕,他首先诛杀桓氏兄弟及其亲信党羽,以及那些敢于依恃门阀对他流露出不恭之意的世家贵胄,但王谧不但幸免于难,还破例得到刘裕的礼遇与推重。这不仅因为他其实算不上桓玄的心腹,桓玄对他是敬而疏之,"见礼而不亲";更主要的是因为他有一双识英雄的慧眼,当年曾经营救周济过落难的刘裕。原来刘裕的父、祖虽也做过官,但到他之前就破落下来,境况日见困窘。他曾经耕过地,拾过草,砍过柴,捕过鱼。有一次他因欠了豪绅刁逵的赌资还不上,被捆在一棵大树上鞭打,恰巧王谧路过,问明情由,又见刘裕仪表堂堂,气骨非凡,便代他还了债,又修书一封,提供路资,介绍他投奔刘牢之,从而屡立战功,渐露头角。不过有些世家子弟仍然轻视他,唯独王谧认定他将成为一代英雄,始终以礼相待。现在他果然得志了,自然忘不了这位知音的旧情,而不计较他曾经依附桓玄。王谧也很知趣,推举刘裕为扬州刺史。扬州是京师所在地,地位极其重要。这样虽然屡经世事的沧桑反复,王谧的地位却有升无降。这显然与王氏子弟较为圆通的生活态度和长远的眼光有关,并不完全出于偶然。

不过王谧毕竟有一段为桓玄传玺的不光彩的历史,很不自安。有一次刘毅曾调侃他说:"玺绶何在?"显然在揭他的短,含有杀机,使他又愧又怕,悄悄逃跑了。这就是《晋书·王导传》所说的"谧乃赜声,惭刘毅之征玺",意思是说他有损于王氏的家声,属于"深山大泽,有龙有蛇"中的"蛇"一般的不肖子弟。其实王氏子弟做"传玺人"的何止王谧!在我们今天看来,替桓玄传玺与替其他人传玺并无什么性质上的差异。

刘裕却仍不怪罪王谧。他得知王谧的下落后,命令当地长官暗中保护,后来又派人把他请回,官复原职。不过他未能看到刘裕成功的那一天,于义熙三年(407年)病故,把事业留给儿子王球。

水流千里

与此同时,远在千里之外的王诞也不甘寂寞,跃跃欲试。

王诞是被桓玄流寓广州的。桓玄篡位失败后,他也自然而然平了反。正在这时,刘裕为了暂时稳住孙恩的后继者卢循,任命卢循为广州刺史,卢循又征聘王诞为自己的幕僚。王诞当然无意久居这偏僻之地,不愿失去乱世立功的机会,便说服卢循放他北归,到朝廷谋个一官半职,将来可以彼此照应。卢循答应了他的要求。他犹如水流千里,终于回归大海。现在这个"大海"便是刘裕。他与刘裕本有私交,回京后便成为刘裕的僚属,从此尽心事奉。

他早已把对卢循的许诺抛到九霄云外。义熙六年(410年),卢循乘刘裕北伐中原之机,率师北上袭击建康,连续打败刘毅等人,直逼京师附近。刘裕闻讯后连忙率师回朝,做了周密部署,多次击败卢循,迫使他退回广州。此前,刘裕与当年的同伙刘毅已经发生了矛盾。刘毅自以为战功和才能都不在刘裕之下,而地位职权却不及刘裕,内心不服。现在自己败于卢循,而卢循又败于刘裕,很觉脸上无光。为了挽回声望,加重砝码,获取与刘裕分庭抗礼的资本,便要求率兵追击卢循。刘裕正准备同意,王诞提醒他卢循已成为失魂落魄的丧家之犬,不难击破,不宜再使刘毅立功,而应亲自率兵进击。现在他已完全替刘裕着想,哪里还与卢循"彼此照应"!刘裕采纳了他的意见,进军广州,于翌年三月讨灭卢循。

王诞对刘裕忠心耿耿,不放过任何一个立功的机会。义熙八年(412年)刘裕讨伐刘毅,此时王诞正因母丧离职在家,便要求带孝随行。不久刘毅兵败自杀。与此同时,另一个当年与刘裕合谋讨伐桓玄的北府将领诸葛长民也居功自傲,对刘裕诛杀同伙的行为既怕又恨,便趁刘裕出征之机,与人合谋待他回京时突然发动兵变,把他杀掉。此谋被透露出来,刘裕不敢轻易回京。王诞得知后,便提请自己先回京迷惑诸葛长民。因为诸葛长民知道王诞是刘裕的心腹,他只身回京可以造成一种假象,似乎刘裕还被蒙在鼓里。这样便可以将他暂且稳住,然后寻机剪灭。刘裕十分欣赏他的忠勇。王诞回京后,装作坦然的样子首先拜访了诸葛长民,并转致刘裕的问候。诸葛长民果然不疑,不作防备。刘裕经过一番精心策划,回京第二天便先下手为强,将诸葛长民诱杀了。

正当王诞的事业一帆风顺,信心十足追随刘裕火中取栗时,可惜天夺其年,于当年九月病死,年仅三十余岁。

集结

王珣、王谧、王诞先后在晋末病故;王廞兵败逃亡。追随刘裕入宋而立下开国之功的,大都是他们的小儿辈,即王导的曾孙们。

从骨子里说,他们并瞧不起这个出身寒素的武人刘裕,刘裕也未必看得上这些不能斩将搴旗而又自命不凡的膏粱子弟,打天下要靠那些和他同样出身低微却又能征善战的武将。但二者又需要互相利用。王氏子弟看出顺刘裕者昌,逆刘裕者亡,需要借助他的力量封妻荫子,振兴家声;刘裕也需要借助他们在士林的影响和世世代代耳濡目染的政治经验与典章制度方面的知识,所以对他们是能拉便拉能用便用的。

前面说过,早在上个世纪之末,王廞因攻打王恭兵败逃亡,大儿子王泰被杀。那时候他的小儿子王华年仅十三岁,在兵荒马乱中失散,幸有一位经常来往的和尚昙永搭救。王恭要斩草除根,严令搜寻王华,昙永便让他装扮成自己的奴仆,提着行李随在身后,引起哨兵的怀疑。昙永用禅杖狠狠打了他几十下,斥责他走得太慢,这样才混过了哨卡。王恭失败后,王华得到赦免。他因为父亲存亡未卜,十分悲痛,十多年来布衣蔬食,闭门不出,断绝与外界的交往,后来方知父亲已在逃亡中死去。刘裕为了笼络士心,便为王廞举办了隆重的葬礼,又将王华征辟为自己的僚属,王华感恩戴德,全力效劳,颇为称职。后来刘裕任命自己的第三子刘义隆为荆州刺史,王华又转到刘义隆手下。刘义隆当时只有十二岁,军政大事都由军中司马张劭决定。王华为人自负好胜,不甘屈居人下,千方百计将张劭排挤掉,取代了他的职务,从此成为刘义隆的主谋。刘义隆后来做了皇帝,王华自然也飞黄腾达起来,这是后话。

不过刘裕更信重的是王昙首,他是王珣的幼子,王弘的小弟,性格与王华不同。王华锋芒毕露,好胜心强,他则深沉含蓄,谦抑持重,喜怒不形于色。他原在琅邪王司马德文手下任职。义熙十二年(416年)刘裕北伐,司马德文随行。途中,王昙首与堂弟王球前来谒见刘裕。王球是王谧之子,颇有才名。刘裕见两位世家子弟也随军北上,十分高兴。大军进发到彭城(今江苏徐州市),刘裕设宴款待群僚,席间令赋诗言志,王昙首诗先成,得到刘裕称赏。后来他也转到刘义隆部下,与王华同事。刘裕曾私下嘱咐刘义隆说王昙首是宰相之才,凡事要与他商量。

王昙首的长兄王弘在平辈中声望最高,出仕最早,曾为司马道子的骠骑参军。刘裕入朝执政,又召聘他为自己的僚属,从此一直追随着刘裕。

以上诸人都属王导一支,其他几支追随刘裕的也大有人在,如王胡之的孙子王裕之,王彪之的曾孙王准之,王廞的曾孙王韶之,等等,他们集结在这位寒人英雄的麾下,等待着那行将到来的改朝换代的时日。

前奏

但改朝换代也并不那么容易,这毕竟是一件天大的事情,需要瓜熟蒂落,水到渠成,所以即使如雄才大略的曹操,也只能"挟天子而令诸侯",毕生未敢正式坐上金銮宝殿;深谋远虑的司马懿经过几代人的酝酿,直到孙子司马炎时才篡了皇位。聪明的刘裕也不敢掉以轻心。他已经建立了许多殊勋,南征北战剪灭了所有政敌,独揽了一切朝廷大权,但仍感条件尚不成熟,还有一些步骤要走。而在走出这决定性的一步之前,他在许多事情上需要王谢等世家大族的帮忙与合作。

义熙十二年八月刘裕率师北伐,一路所向披靡,仅仅两个月便收复了旧都洛阳,这是自从晋室南渡百年来所未有的奇勋。沦陷区的人民喜见"王师",犹如重见天日,无不欢欣鼓舞,纷纷前来劳军,似乎收复中原已经指日可待。岂知刘裕志不在此,他关心的是南方小朝廷的宝座。这年十一月,他在洛阳令王球撰写了《九锡文》,派王弘回建康向朝廷要求"九锡",这是篡位的必行步骤。朝廷上不敢违抗,于十二月下诏封刘裕为宋公、相国,备"九锡"。这场戏虽是刘裕亲手导演的,却又装模作样逊让推辞,直到两年之后(418年)才接受下来。而收复中原的事情,自然也成为泡影。

也就在此年,刘裕又解决了篡位前的另一桩心事。原来这些年来,民间流传着一句口头语:"昌明之后有二帝。""昌明"即司马昌明,是晋孝武帝的名讳,意谓在孝武帝之后晋室还该有两个皇帝,方能够寿终正寝,天数已尽。也就是说,除当今在位的晋安帝外,还该有一个司马氏皇帝才行。刘裕把此话当作冥冥之中的谶语,他不敢违抗这个天意。这也是他迟迟没有篡位的原因之一。但他又急不可待。"俟河之清,人寿几何",他已经五十五六岁,岂能坐等憨皇帝的自然死亡?他冥思苦想,计上心来,指示在皇帝身边任职的王韶之设法毒死了晋安帝,立琅邪王司马德文为晋恭帝,以符"二帝"之数。

  这些都是篡位的前奏。现在该做的都已做了,刘裕可以随心所欲请晋恭帝在任何一天恭恭敬敬让出天下,然后掀开一个新王朝的历史。

  王氏子弟也在翘盼着这一天的到来。

第六章 马棰下的富贵

(东晋)主威不树,臣道专行……高祖(刘裕)一朝创义,事属横流,改乱章,布平道,尊主卑臣之义,定于马棰之间。

——《宋书》卷四十二《王弘传》

时　　间:宋(公元 420—479 年)。

主要人物:王弘,王僧绰,王僧达,王彧,王俭。

新的一页是在公元420年6月14日掀开的。从这一天起,皇家改姓为刘,朝代改名为宋,刘裕成为宋武帝。从这一天起,历史进入宋、齐、梁、陈四个小朝廷接踵而来的南朝。这一天为历史划下的鸿沟是深刻的。从政治上说,主弱臣强、门阀专权、世家大族与皇室"共天下"的格局宣告结束,君主又恢复了绝对的权威。门阀世族虽仍然荣耀富贵,风流相尚,以前辈的"冢中枯骨"傲视那些根底浅薄的暴发户,但已经不那么神气了,实权掌握在寒人出身的皇帝和武将手中。皇帝可以允许他们风流,自矜,豪华,但一旦触及政权的实质,便会毫不容情把他们诛灭。从意识形态上说,清谈玄学也进入尾声,儒家的礼学一步步抬头,遵守礼法持身严谨者得到信重。所以,对于门阀世族来说,他们的富贵不过是马棰(鞭)下的富贵而已。

长久追随刘裕,政治上又比较敏感的王氏子弟"如鱼在水,冷暖自知",自然体察到这种变化,他们在取得高位之后大都节制权欲的膨胀,谨慎止足,即使如此也难免杀身之祸,更不用说那种放诞傲慢、躁于进取的傻角儿了。

进取与止足

废立事件——一个新机遇

当刘裕登上皇帝宝座的时候,曾经得意而又伤感地对王弘说:"我本是布衣,做梦也想不到有这么一天!"王弘巧妙回答:"天意如此。"是的,对于刘裕来说,贫贱、寒酸、屈辱、劳作、争夺、危殆都已经永远过去,现在他成为富有天下的人上之人。此刻他特别怀念那位慧眼识英雄的王谧,他才是最合适的传玺人,可惜早已死去,只能由谢氏子弟谢澹承担。

他要回报那些帮助他取得成功的人们,包括冲锋陷阵浴血奋战的武将和甘心依附出谋划策的贵胄,于是王氏子弟也终于火中取栗。地位最高的是王弘,被封为华容县公,出任江州刺史。王昙首、王华仍在刘义隆手下任职。刘义隆被封为宜都王,进号镇西将军,镇守江陵,二人也随之离京外出。留在朝廷的有王准之、王敬弘、王韶之、王球、王惠、王琨,等等。

王氏家族仍然兴盛,现在能够与之并驾齐驱的,也只有陈郡谢氏而已。但是实在地说,王氏子弟的权位并不算很高,远不能与他们的前辈王导、王敦的时代相比。在朝廷辅佐刘裕执政的是徐羡之、傅亮、谢晦、檀道济等人。檀道济是寒门出身,屡立战功,后来又出为镇北将军,统领北府兵。

这时,一桩废立事件给王氏子弟提供了新的机遇。原来,戎马终生的刘裕做皇帝不足三年便病死了,临终托徐羡之、傅亮、谢晦三人辅佐太子刘义符登位,史称宋少帝。刘义符做了两年皇帝,游戏无度,不理政事,徐羡之等人出于对"先帝"的一片愚忠,打算废掉他,另立明君。他们首先将檀道济、王弘这两个举足轻重的人物召入朝廷,共同策划,宣布废除刘义符,不久又把他杀害。

这件事给徐、傅、谢三人带来了杀身之祸,却给刘义隆和王氏子弟带来意想不到的幸运。

权力的再分配

废杀刘义符,皇帝的宝座本来轮不到排行第三的刘义隆,而应当是他的二哥刘义真。但徐羡之等人不喜欢刘义真,认为他过于轻佻,与谢灵运、颜延之等"空疏""浮薄"的文人打得火热,常常口出狂言,不足以安定社稷。为了防止他惹是生非,便把他也废杀了。他们看好了宜都王刘义隆,派傅亮前往江陵请他回朝登基。干出了这种天大的废立之事,又杀害了人家的两个哥哥,傅亮一路上是忐忑不安的,不知来日的命运如何,写了一首长诗说"知止道所贵,怀禄义所尤",意思是说:在仕途上适可而止符合于处世之道,贪恋荣华富贵则有违于古训。不过现在已经迟了,生米已经煮成熟饭。其实留在京城的徐羡之、谢晦也很不自安,决定由谢晦代替刘义隆为荆州刺史,内外照应,以防不测。

此时刘义隆心中也忐忑不安,他看到徐羡之等人杀了他的两个哥哥,担心他们也会把他骗到京城杀掉,因而对是否入京颇怀犹豫。极力促成他入京的是王华,他分析了当时的形势以及徐羡之等人的心态,认为他们受先帝重托,不敢立即做出大逆不道之事,而且他们三人之间也存在矛盾,彼此牵制,所以入朝即位,是万无可虑的。王昙首也力主入京。恰巧前不久,据说有条龙出现于西边天空,腾空而上,身缠五彩祥云,人们说是"西方有天子气"。他便以此为据,说这天子气正应在刘义隆身上,入京践位是应天顺人的。于是刘义隆才下了决心,让王华留守江陵,自己率领王昙首等随傅亮沿江东下,不久入京,果然如王华、王昙首所料,顺顺利利被徐羡之等人恭恭敬敬捧上金銮宝殿,成为宋文帝,开始了他整整三十年的帝王生涯。

刘义隆的皇位无疑是捡来的,而对于王华、王昙首兄弟来说却是努力争取的结果,若不尽力促成此事,那么他们留在藩镇不知要到何年何月呢。现在刘义隆把二人都任命为侍中,仍然是刘义隆的心腹与近臣。

刘义隆对他们说："我能有今天,都是你们兄弟的功劳。"

刘义隆并不感激真正把他扶上台的徐羡之等人。虽然他对两个被杀的哥哥并没有多深的感情,除掉他们正为自己清除了通向御座的障碍,但他不能容忍臣子把皇位随便摆布,不能容忍他们以任何形式和借口干预皇帝的家事,他应当贯彻先帝所确定的尊主抑臣的基本国策。不过眼下他还暂且隐忍不发,仍以徐羡之、傅亮执政,并听任谢晦出任荆州刺史,以便稳住他们。至于参与废立之事的王弘,他也重加赏拔,进位司空。但王弘饱经沧桑,富于经验,老谋深算,对所进封的官爵坚辞不受,在上表中极力表白自己未曾"预定大策""无功勤",不能无功受禄,企图把自己参与此事一笔抹净。刘义隆答应了他的要求,只是进号为骠骑大将军,仍出任江州刺史。

现在王华、王昙首与徐羡之、傅亮成为同僚,地位仍在他们之下。王昙首较为老成、含蓄,王华却不能忍受,常常形于辞色,每当在朝廷上碰到他们,便恨得咬牙切齿。即使闲在家中,也常常诵读王粲《登楼赋》中的句子:"冀王道之一平兮,假高衢而骋力。"他期望早日清除这些弑君的丑类,自己登上高位一展身手。于是他便日夜在刘义隆面前谗毁他们。在这方面君臣一拍即合,刘义隆见时机已经成熟,便决定大开杀戒了。

王昙首早就把这个消息密告哥哥王弘,让他心中有数,见机行事。刘义隆先是杀掉了徐羡之、傅亮以及谢晦在朝做官的亲属,然后召南兖州刺史檀道济、江州刺史王弘入朝,令檀道济率兵随自己征讨谢晦,王弘留守京师。檀、王深知这是赎罪的机会,无不尽心尽力。

谢晦听到朝廷兴师问罪的消息,一再上表陈述自己的心迹,并为徐、傅二人辩白。他把此事看成是王、谢两个家族的争斗,在表中反复指责

"王弘兄弟,轻躁昧进,王华猜忌忍害,规弄威权,先除执政,以逞其欲"。① 但刘义隆并不为其所动,很快就攻破江陵,杀死谢晦和他的兄弟子侄。

经过这次废立事件,谢氏家族受到重创,从此虽仍然王谢并称,在实力上却再无法与王氏家族并驾齐驱,政治态度也越来越趋向消沉,远无王氏子弟那种历久不衰的进取之志。

经过这次废立事件,王氏子弟在权力的阶梯上又攀登了一级。王弘成为丞相。刘义隆想封赏王华、王昙首,昙首坚辞不受,仍为侍中;王华则得官即拜,除仍为侍中外,加封护军将军。当时,二人与刘湛、殷景仁、谢弘微并称为"五臣",甚为刘义隆所倚重。其他王氏子弟也有所升迁。王氏家族渡过自己的中衰期,重新红火起来。

那是宋文帝元嘉三年,即公元 426 年。

知止道攸贵

这样,那象征着权势的"宝刀"便由王导那里经由王珣传到曾孙王弘手中。但王氏家族现在的兴盛并不能与王导时相比。那是一个门阀专权的时代,王氏可以与皇室"共天下",甚至实权超过皇室,现在却必须置身于绝对的君权之下。整个东晋一代,除了世族之间的互相杀戮之外,皇帝没有随其所欲杀死过一个大臣,臣子也不存在什么战战兢兢的"止足"之心。现在不同了,徐羡之等人的覆灭便是一个信号,傅亮那悔之莫及的诗句"知止道攸(所)贵"便应是一条持身的原则。对权力的进取必

---

① 《宋书》卷四十四《谢晦传》。

须适可而止,不能达到使人主生疑的地步,否则身危!

王华对此看得并不很透。他有过强的权势欲,不甘人下。在刘宋建立之前,他不甘在张邵之下;刘宋建立之后,他则不甘在徐羡之之下。那两次他都胜利了。现在他看到王弘辅政,王昙首的官职与自己差不多,而且更受刘义隆的信重,他竟又不甘心在这两个本家兄弟之下,很觉不平,不过幸亏他死得早,第二年(427年)仅仅四十三岁便病故了,不但保住了晚节,谥号"宣侯",而且后来还配飨太庙。这真是一个幸运的早卒!

王弘、王昙首兄弟的头脑要清醒得多,他们深明"亢龙有悔"的古训,也深明傅亮"知止道攸贵"的隐衷。现在兄弟二人同门富贵,这要比同门贫贱危殆得多。树大招风,真令人有如临深渊如履薄冰之感。当时,刘义隆的弟弟彭城王刘义康为荆州刺史,对王氏兄弟的权位虎视眈眈。王弘的几个好友或口头、或写信提醒他"兄弟盛满,宜存降挹",建议他把执政之权让给刘义康。这正与王弘、王昙首的想法不谋而合。于是王弘便于元嘉六年(429年)上表推荐刘义康入朝执政,言词恳切。其实刘义隆又何尝不想加强宗室的力量,倒顺水推舟,将义康召入朝廷,代替王弘担任司徒,二人共同执政。

但刘义康犹嫌不足,觉得王弘还兼任扬州刺史,地位仍在自己之上;又觉得王昙首官为侍中,很得主上的信任,分了自己的权力;因而常常流露出不满之意。王昙首有所觉察,多次要求出任太守。刘义隆要平衡各种势力,他深知王氏兄弟并无非分之求,而自己的弟弟刘义康却并不是一个老实的家伙,需要加以牵制,便执意不允。王昙首无法,只得劝说哥哥把府中的一半兵士共二千人分拨给刘义康,刘义康这才心满意足。

王昙首于第二年(430年)病逝。刘义隆十分悲痛。有个中书舍人叹息说:"王家欲衰,贤者先殒。"刘义隆却说:"不,这是我刘家之衰呵!"

不过王家、刘家都还没到"衰"的时候。王华病故,身后萧条,王昙首却有佳子孙,成为王导之后最重要的分支,传承了那把权势的"宝刀"。

王太保家法

从此,王弘便找到了一个权力争斗中的"避雷针",一堵在政治上可以挡风的墙,那便是彭城王刘义康。他已经年过半百,身体日渐衰弱,常常生病,便将朝廷内外大事小事都推给刘义康处理。这样他既落得个谦抑的美称,又避免了皇家的嫌忌,并且清闲自在,真是一举数得,何乐不为!而且他越是谦退,爵位越高,后来又进位为太保。

但他也并不是一个万事不关心的人。随着时世的推移和政治、文化思想的变迁,他的为政方针、生活态度已与王导明显不同。他熟练治体,深明礼法,留心公务,也比较通达事理,常常为低级官吏和平民百姓着想。当时的法律规定:守吏偷布五匹、常人偷布四十匹,一律判处死刑。他认为这条刑罚太重,应改为守吏偷布十匹、常人偷布五十匹处死,不足此数者从军。因为小吏无知,易起贪心,实在也有可愍之处;普通百姓贫穷、愚昧,更应该宽限一些。至于身为国家官员的,既受朝廷的俸禄,理应以身作则,如果贪财图利,则应予严惩,五匹便处死。当时还规定老百姓年满十三岁为半丁,十六岁为全丁,都应服劳役。他又提出这个规定也不合理,因为十三岁身体还弱,有些官吏借此营私舞弊,应改为十五至十六岁为半丁,十七岁为全丁。这些提议,都得到刘义隆的认可。这看起来是小事,但在全国范围受惠于他的,实在是一个不小的数字。

在个人的生活态度方面他也比较严谨,言语行为、书信等等都依照礼法,毫不越轨,时人仿效他,称为"王太保家法"。将他与王导相比,可以明显看出从晋到宋政治思想的变迁,"黄老政治"正在向"礼法政治"过渡,"礼"也逐渐替代着"玄"。王氏子弟既要在政治上进取,就不能不适应时代随之变迁;而作为六朝政治中的风云人物,王氏子弟又理所当然地成为时代精神的晴雨表。

但晋、宋毕竟有切不断的联系,王弘与曾祖王导也毕竟有一脉相承之处。像王导一样,王弘也笃好佛教。当时谢灵运深通佛理,曾经阐发过竺道生创立的"顿悟"之说。入宋以后,王弘曾向谢灵运请教过顿悟之义,谢灵运回信作了解释,他又复信说:

> 寻览来论,所释良多,然犹有未好解处,试条如上……①

看来他在探讨佛教哲理方面,颇有一点虚怀若谷的学术精神。

王弘于元嘉九年(432年)病故,葬礼和封谥的规格比王华、王昙首更高。直到三十年后,宋孝武帝刘骏经过他的墓旁,还怀念他生前的勋业与德行,下令派人按时祭祀。

他无疑是王导之后王氏家族又一个位高誉重的代表人物。不过他的儿子王僧达、曾孙王融却并未践行他的"家法",竟都因躁进而被杀。一般说来,一种家风往往能保持好几代,而在王弘这支却出现了例外。这也是后话了。

---

① 《广弘明集》卷二十。

"青箱学"传人

我们说一种家风往往数代相承，成为一种或长或短的传统，这在王准之身上便可得到验证。如前所述，王准之的曾祖父王彪之在东晋中期依礼行事，忠于晋室，曾经抵制过桓温、谢安的违礼行为。他博学多识，熟悉朝章国典，特别是晋室南迁以来的掌故，笔之于书，藏之青箱，当时称为"王氏青箱学"，世代相传，经过王临之、王纳之等，到王准之已经传了四代。而且这四代人在东晋一朝都做过御史中丞，那是专门负责弹劾违礼非法之事的官职，所以有人曾嘲笑王准之祖祖辈辈"唯解弹事"，即只知道弹劾别人。传统确实有不可忽视的承续性。

王准之似乎时时不忘自己"礼学世家"的本分。入宋以后，他任黄门侍郎，上疏提出晋代朝野所用的丧礼不一致，有的用汉代郑玄的说法，有的用三国时王肃的说法，应当统一起来，一律用郑玄之说，使"朝野一礼，则家无殊俗"。朝廷上采纳了他的建议。

后来，王准之曾经历任太守、侍中、吏部尚书等职。入宋以后时风虽有所改变，清谈玄学已不那么流行，但余波尚存。士大夫仍然喜欢玄诞、风流、潇洒，比如王球便被称为有"正始余风"，在士林甚有名望。而王准之一如他的曾祖王彪之，为人刻板认真，缺乏风趣，不为士林所重。他的所长毕竟在礼学，曾经撰写过一部《仪注》，直到唐代仍然沿用。刘义康为宰相时很懂得利用他的长处，经常咨询他典章制度方面的事情，他也如数家珍，有问必答。刘义康赞叹道："何须高论玄虚，有两三个王准之这样的人物，天下便可治理！"

王弘病故的第二年（433年），王准之也死去，不过"王氏青箱学"的传统仍在延续。又过了几年，王韶之、王球等人也相继去世。活得最长的,是王裕之(因避刘裕名讳,以字敬弘行)。

处于不竞之地

王裕之则体现为另一种传统,这是由他的祖父王胡之所传续下来的。大致说来,这是一种亦官亦隐的"朝隐"传统。他们做官,但又不理政务;他们流连山水自然,但又仍有官职在身。他们活得超脱、潇洒,尽力避免卷入政治斗争的漩涡,总是使自己处于"不竞之地",到头来又落得一个好名声,好下场。这种生活态度,有点像谢氏子弟,是从西晋元康名士那里一脉相传下来的,把"江海"与"魏阙"合而为一,相得而兼。

王裕之虽与王弘等人平辈,年龄却大得多,在东晋渡过了近六十年,早已养成那种亦官亦隐、放诞不拘的生活态度。因为资格很深,刘裕、刘义隆都很尊重他;又因他虽然放达,却不屑争权夺利,与其他官员也没有什么利害关系,因而入宋不久便做到吏部尚书的要职,负责官员的选拔任用。那时他的堂弟王弘之正隐居在会稽,与官场失意的谢灵运以及隐士孔淳之等游山玩水,王裕之召他出山做官,被他断然拒绝了。王弘之是一位真正的隐士,早年虽做过几任小官,但很快便拂衣归山,至此已隐居了三十多年,决心不复出山了,与王裕之的志趣并不完全相同。王氏子弟众多,不难找到各种类型的人物。

刘义隆上台以后,王裕之又有晋升,但却不理政务。有一次刘义隆问他几件疑案,这正是他分内的工作,他却无言以对。刘义隆责问左右为何不把案卷送给他过目,王裕之说:"他们送来了,我看不懂。"刘义隆虽然很不高兴,但了解他的名士习气,又年近七十,不愿计较。后来他要求回余杭(在今浙江省)旧居,刘义隆挽留不成,派给亲信二十人,临行又亲自为他饯别。

回到余杭,王裕之住在境内的舍亭山,周围有茂林修竹,溪水环绕,风景十分秀雅,人称"王东山"。显然,他是崇尚与效法风流宰相谢安的。他的儿子王恢之被召为秘书郎,他不同意,要求改为"奉朝请"的官职。他向儿子解释说:"秘书郎的额数有限,故有竞争;奉朝请的额数无限,故没有竞争。我想让你处于不竞之地。""处于不竞之地",其实就是他自己的人生观和处世哲学。

越是"不竞",却越得重用。后来朝廷又征他为太子少傅,他亲自进京上表坚辞。过了几年,他觉得连同自己现有的官爵也应一并辞掉,便又两次入京请求,没有见允。那时他已近九十岁了。

王裕之表面落拓不羁,其实骨子里极为严谨。他子孙满堂,一年当中却不过与他们见一二次面,见面的时间也事先约好。王恢之曾经特地请假回来看望他,约好日子见面,但到时他却又突然变卦。直到假期将近儿子恳求与他一见,他这才同意,但儿子来到他居住的小楼前,却又被他拒绝相见,儿子只得在楼前拜辞,流泪而去。甚至在日常小事、儿女亲情上都怕引起朝廷的猜疑,这大约是长久险恶的政治争斗所造成的变态心理吧。

王裕之在平辈人中生得最早,死得最迟,死时已经是元嘉二十四年(447年)。那时候,由晋入宋的王氏子弟已经零落殆尽。他的去世,标志着王氏又一个时代的结束,以后就是他们的小儿辈的时代了。

求之不来、推之不去的祸福

他们的小儿辈并没有什么更好的命运。宋文帝刘义隆长达三十年的"元嘉盛世"行将成为过去,刘宋小朝廷进入后期,政治风云变幻不定,王室骨肉相残,父子相戕,演出一幕幕的悲剧、丑剧、闹剧,殃及大臣。王氏子弟虽仍然官高位显当世莫比,其实并不能掌握自己的命运,想追求权位的固然求之不来,想躲避权位的却也推之不去,而权位的后面又隐藏着杀机。在绝对君权的统治下,这些看起来饱享荣华富贵的风流子弟,却有局外人体会不到的苦衷。

游戏与占命

王弘共有弟兄五人,依次是:王弘、王虞、王柳、王孺、王昙首。王弘与王昙首仕途最为显达,其他几人虽也出仕,但地位都不甚高。大约早在元嘉七年(430年)春节期间弟兄们都在世的时候,王弘曾请他们带上自己的儿子来家中宴集。这时他们的小儿辈大约十人左右。大人有大人们关心的话题,孩子们也有自己的乐趣。王弘便一任他们无拘无束地游戏,从旁边观察他们各自的性格、爱好和志趣,预卜他们未来的命运。那时候只有老四王孺的儿子王远、王微年龄比较大,已经十五六岁了,其他都还小,天真无邪,毫不掩饰。在这群小家伙中,以王弘的小儿子王僧达、王昙首的两个儿子王僧绰、王僧虔最引人注目,而三人的表现又各自不同:王僧达顽皮好动,蹦蹦跳跳装作小老虎;王僧绰最为稳重,只见他正襟危坐,专心致志把蜡烛珠儿取下揉捏成一只凤凰,调皮的王僧达夺过去弄坏,他也并不觉得可惜,毫不计较;王僧虔则把十二个棋子垒起来,既不倒掉,他也不弄坏重来,只是在一旁悠然观看,一副听之任之、无动于衷的样子。王弘叹息道:"僧达的豪爽聪明当不在小兄弟们之下,只是恐怕将来要害我家门;僧绰大了当有美誉,不过恐怕要数僧虔最有出息,可能位至公辅。"

据说后来都被他言中。古人相信"从小看老",认为由小孩的言行举止可以预知他们的将来。这当然也不无道理。但孩子们受到各种因素的影响,思想、性格、志趣都会发生变化,况且人生的命运也常常取决于各种始料不及无法预测的偶然机遇。这些我们且都不论。王僧达、僧绰、僧虔在小字辈中确实都很有代表性。王僧虔入齐,主要放在下章讲述;王僧绰的儿子王俭入齐后成为宰相和一代儒宗。所以不是位极人臣的王弘,而是他的弟弟王昙首的一支,传续了王氏家族幸运的"宝刀"。

这里还应当提一下王僧朗。他的名字中虽也嵌一个"僧"字,却比王僧达他们高一辈。他本人虽然并不很重要,他的儿子王彧(或避宋明帝刘彧讳,以字景文行)却也很有代表性,可以看出专制皇权下台阁重臣不能自主的悲剧命运。

一个谦抑者的悲剧

当王裕之去世的时候,这些小儿辈都已经长大了,也都已踏上仕途,而最显达的莫过于当年那个被弄坏蜡凤凰而不计较的、谦抑的王僧绰。他娶了刘义隆的长女东阳公主,年纪轻轻的就当上了尚书吏部郎,主管选用官员。他熟悉朝章国典和世族谱系,知人善任,颇得朝野的好评。过了两年他又升为侍中,当时仅仅二十九岁。他仍然保持着小时候那种谨慎、谦抑、老成的性格,当有人问起他的年龄时,他嗫嚅良久方才说出,生怕给人一种少年得志、春风得意的印象。刘义隆也看好这位乘龙快婿,觉得他年轻,来日方长,很想把辅助太子的后事托付给他,朝廷上大小事情都让他参与。

他的堂兄王微却洞见机先,王微多才多艺,诗、书、乐、画以至于医卜术数无所不通,为人超脱淡泊,不汲汲功名。他见刘义隆已经年老,身体多病,恐怕将不久于世,而皇室争权夺利的斗争越来越烈,便写信劝王僧绰激流勇退。信中说:

> 吾虽无人鉴,要是早知弟,每共宴语,前言何尝不以止足为贵!且持盈畏满,自是家门旧风……当局苦迷,将不然邪![①]

其实王僧绰并不"当局苦迷",他也深深意识到这一点,堂兄的提醒更坚定了他的决心,一再要求出任太守,离开朝廷,刘义隆坚决不允。

预料中的事情果然发生了,刘义隆身体日渐衰弱,知道自己大限将至,便加紧了对继承人的更换与选择。他本来立了刘劭为太子,后来见他荒淫无行,决心另立太子。他首先把此想法与王僧绰讲了,命他搜集前朝有关废立太子的资料以供借鉴。有一天刘劭在东宫宴集将士,似有不轨之举,恰巧被王僧绰碰上,便密奏给刘义隆。但在新的人选问题上,刘义隆与几个朝廷重臣看法不一。他想立第七子建平王刘宏,吏部尚书江湛主张立南平王刘铄,因为刘铄的妃子是他的妹妹;尚书仆射徐湛之则主张立随王刘诞,因为刘诞的妃子是他的女儿。王僧绰见二人各怀鬼胎,不以国家社稷为重,十分气愤,劝刘义隆自作主张,当机立断,但刘义隆仍然犹豫不决,而刘劭倒先下了手。

刘劭听到要废除他的消息,既恐慌又怨愤,索性先发制人,于元嘉三

[①] 《宋书》卷六十二《王微传》。

十年(453年)二月二十一日深夜率领东宫卫兵,假托皇帝的诏令冲进宫中。当时刘义隆正与徐湛之商谈废立之事,不意刘劭的卫兵一拥而入,二人当场做了刀下之鬼。接着,刘劭又派人杀了江湛。

刘劭不知王僧绰也参与了废立之事,起初对他仍很器重,让他起草诏书。后来在整理机要文书时,才发现了王僧绰告发他宴飨东宫将士的手书和有关废立的资料,便立即下令把他杀了。当时王僧虔也正在朝廷任职,亲友都劝他逃亡避难,免遭不测,他说:"我哥哥对国家忠贞,对我慈爱,如果能够随他同归九泉,正是我的心愿!"刘劭接着大杀宗室,却放过了王僧虔。

刘劭在皇位上并没有坐多久。刘义隆的第三子、武陵王刘骏正任江州刺史,掌握着四个州的兵力,听到刘劭弑父弑君的消息后,立即传檄四方,起兵声讨,仅两个多月便攻破建康,杀死刘劭及其儿子、党羽,自己做了皇帝,即宋孝武帝。王僧绰也得到平反,追赠散骑常侍、金紫光禄大夫,谥号"愍侯"。

王僧绰成了皇室争权夺利、父子相残的牺牲品,其遭遇固然可"愍",但他毕竟插手了皇帝的家事,这是当时的一个大忌,酿成了智者千虑的悲剧。

一个躁进者的下场

当刘骏传檄州郡号召讨伐刘劭时,王僧达正任义兴太守,刘骏不知他是否会起兵响应,大将沈庆之却自信,说:"王僧达必会率兵前来。"果然没过几天,王僧达便来投奔刘骏,听候调遣,刘骏任命他为征虏将军,参与讨伐。

沈庆之很了解王僧达的为人。他有强烈的功名之心,急于进取,不放过任何一个建功立业的机会。他一点也没有父亲王弘的持重深沉,老谋深算,仍然像小时候那样虎头虎脑,轻躁好动,并且越来越狂妄傲慢,不遵礼法。由于他是名相之子,不到二十岁就为太子舍人。后来生病休养时在桥头观看斗鸭,被人弹劾。刘义隆念他年轻,未予追究。他却又与街头的青年玩鹰弄犬,亲手杀牛。他喜欢打猎,任宣城太守时,肆意游猎,数日不归,连办公都在游猎场所。王弘的遗传因子,在他身上未起作用。

刘骏上台后,他因曾参与讨伐刘劭,被任命为尚书右仆射的要职,但他毫不检点,完全没有王僧绰那种谦抑谨慎。有一次刘骏与他谈起家世,他很自负,说:"亡父亡祖,司徒司空。""亡祖"指王珣。意思是说自己出身于世代公卿。也就是凭了这点资本,他甚至不把皇亲国戚放在眼中。刘骏舅舅的儿子路琼之与王僧达比邻而居,有一天恭恭敬敬登门拜访。王僧达知道他出身低微,态度傲慢无礼。路琼之走后,又下令把坐过的椅子烧掉。路琼之哭诉姑姑路太后,太后大怒,要刘骏惩治王僧达。刘骏深知世家子弟的自负心理,深知当时犹如鸿沟的士庶之别,只得息事宁人,说:"琼之年少,不该轻易登门造访。王僧达是贵公子孙,怎好以此治罪!"

不过刘骏对此毕竟是忌恨的,便寻了一个机会把他改任护军将军。王僧达本来自视甚高,认为自己的才华门第当世莫比,一二年间便可成为宰相。现在降职使用,宰相恐怕已经无望,心中郁郁不得志,便上表要求外任,刘骏不许。就这样他折腾来折腾去,官职升了再降,降了再升,撤了又复,复了又撤,直到大明二年(458 年)升为中书令。

这时,南彭城人高阇自称为真龙天子下凡,纠集一伙人,并勾结一些朝廷上的下级官员,打算在八月一日夜间起兵谋反。事情泄露后,党羽十多人都被处死。刘骏觉得王僧达桀骜不驯,总有一天会闹出事来,便借此机会诬陷他参与谋反,下狱赐死,时年三十六岁。

王僧达自以为聪明过人,却不懂得现在已经不是两晋时期,不是世家子弟可以任诞放达,纵情背礼的时代。有人说在刘宋王朝,世家子弟最诞傲的便是谢灵运、王僧达二人,其实王僧达比谢灵运有过之而无不及。

王僧达没有承传乃父王弘的"家法",他的孙子王融却原原本本承传了他的"家法",在南齐时的言行与下场与他如出一辙。这当然也是后话。

推不掉的富贵

王僧达之后,另一个被杀的王氏子弟是王彧。如果说王僧达是咎由自取,王僧绰也终究事出有因,王彧则是完完全全的冤枉;如果说王僧达是力求功名富贵而不得,王彧则是力避功名富贵而不能。富贵像一条斑斓的毒蛇死死地缠住他,使他徒然挣扎而无法脱身,最终要了他的命。由他无罪的死,可以最清楚地看出专制帝王那种极端自私自利的心理,看出他们的苛薄寡恩,冷酷无情。

如前所述,王彧是王僧朗的儿子,与王僧达、王僧绰同辈,年龄比他们大了十岁,出仕也早。不过他对仕宦并不十分热心。他原是风流名士,喜欢老庄,善于玄谈,与陈郡谢庄齐名;长得又十分标致出众,被当时推为第一美男子。他就是以自己的风流美貌再加上门第高华而被宋孝武帝刘骏看中的。刘骏喜欢以貌取人,有一次选用侍中四人,以王彧、谢庄为一双,阮韬、何偃为一双,四人都以风流标致著称。其实不仅刘骏,他的父亲文帝刘义隆也很欣赏王彧的才貌风度,为自己的第十一子刘彧娶了他的妹妹王贞风。刘彧后来当了皇帝,贞风成为皇后。真是"祸兮福所倚,福兮祸所伏",正是因为这一点,王彧的地位越来越高;也正是因为这一点,送了他的命。

泰始元年(465年)刘彧杀死前废帝刘子业,自己称帝,即宋明帝。王彧从此成为国舅,却更加小心翼翼了,因为他深知这位妹夫的忌刻。他的侄儿王蕴官为县令,看到刘彧初即位天下混乱,很想趁机立功,便上书要求领兵平定叛乱,刘彧任命他为宁朔将军。王彧见他如此轻躁贪进,责备他说:"你这样做,必破我们家的门户。"可以看出他那种战战兢兢的心理。

第二年王僧朗去世,王彧借此机会离职守丧。服丧期满后,已经到了泰始五年(469年)。刘彧任命他为尚书左仆射,他坚辞不受;改为中书令,他仍不接受,最后出任为江州刺史。第二年又征他回朝为尚书左仆射、吏部尚书、扬州刺史、太子詹事,执掌朝政。他一律不受,要求转为湘州刺史。刘彧不允,亲作诏书反复譬解,他只得应命。不久又进位为太子太傅,他又坚辞,刘彧令人强行宣旨,硬把高官厚禄加到他头上。他真想竦身一跳,把这些绑在身上的绳索全部挣脱,但却不能够。

明知无罪的赐死

刘彧一方面极力提升王彧的官职,一方面又极为猜忌。他当时虽然才三十多岁,但长期的好色纵欲损伤着他的身体,常常有一种来日无多,应当考虑后事之感。太子和其他皇子都还年幼。王彧地位高,又是国舅;另一个重臣张永屡经战场,很有军事经验。他怕二人将来难以依靠,竟然自己编造了两句谣言散布开来:

一士不可亲,弓长射杀人。

"一士"为王,影射王彧;"弓长"为"张",暗示张永。

王彧得知这谣言出自刘彧之手,更加畏惧,连忙上表要求解除最重要的扬州刺史之职,情词十分恳切。刘彧不许,写了一篇很长的手诏宽慰他,情词也十分恳切,说什么"人居贵要,但问心若为耳",只要内心平淡,不竞不求,即使身居要职,也不会有什么危险。又说"贵高有危殆之惧,卑贱有沟壑之忧""贵何必难处,贱何必易安",关键还在于自己的处世态度。

但他心中想的却是另一套。他的身体越来越糟,心理也变得越来越阴暗,多疑,险恶。为了他的儿子将来能坐稳江山,不惜杀死了自己的五个弟弟,对王彧更不放心。他怕自己死后皇后临朝,王彧借国舅之重,篡夺皇位,便在临死前下了毒手,令人送毒药赐王彧死。他明明知道王彧是无罪的,在诏书中说:"我想成全你的门户,所以这样处理。"又令送药者对王彧说:"我不认为你有罪,但我不能独死,请你先走一步。"

当时王彧正与客人下棋,读了赐死诏书后,神色泰然,把诏书封好放在棋盘下,又聚精会神继续下起来,直到一局下完,才沉静不迫地说:"刚才奉诏赐死。"并将诏书拿给客人看。有位叫焦度的门客十分愤慨,将药酒泼在地下一部分说:"大丈夫安能这样无罪就死?不如困兽一斗!"王或说:"我知道你的诚心。如果你同情我,就请为我一门百口想想吧。"说完又写信答谢刘彧的诏书,这才举起毒酒,呷了一口,继而说:"诸君请谅,此酒不能相劝。"于是一饮而尽。时为泰豫元年(472年)二月,王彧年六十。刘彧见他已死,了却了一个心病,追赠他为开府仪同三司,谥号为"懿"。

王彧为保存门户而死。这门户曾经给了世家子弟荣华富贵,但也要向他们索取回报,必要时还须他们的生命。至于刘彧连莫须有的罪名也没有的赐死,令人对专制帝王的残忍自私不寒而栗,令人觉得臣子对他们的任何不忠,任何"将一家物与一家",都是情有可原的了。

送与迎

刘彧毒死了明知无罪的王彧,他自己也走到了末日,苟延残喘了两个月便死去;不仅他本人,他的刘宋小朝廷也进入了尾梢,苟延残喘了六年也在历史上消失了。王氏家族却依然兴盛,改朝换代不仅未对它有所损伤,反而增添了它的荣耀与光彩。

宰相之志

王氏家族原就人多势众,刘彧赐王彧死明言意在为他"保全门户",没有牵连其他人物,王氏子弟在朝廷和地方做官的仍然很多。王彧的平辈有:王僧虔、王僧衍、王琨、王诩、王逡之、王珪之,等等;小字辈有:王俭、王晏、王奂、王蕴、王份、王慈、王僧祐、王缋、王延之、王秀之、王思远,等等。王氏在当时的氏族谱上仍稳稳遥居榜首。

小字辈中最引人注目的是王俭。他是王昙首的孙子、王僧绰的儿子、王僧虔的侄儿,是继王弘之后王氏家族的又一座高峰,在有些方面的声望与成就并不在他的六世祖王导之下。王僧绰被刘劭杀害时他还不满两岁,是叔父王僧虔把他抚养大的。大约在他六七岁的时候,王僧虔出任武陵太守,携带着这个小孤儿一道上任。他在路上得了重病,叔父十分着急,寝食不安。手下人劝慰他,请他保重身体。他说:"汉朝人马援对侄儿和儿子一视同仁,晋朝人邓攸对侄儿比亲生儿子还好,他们两位都是我素来敬仰的。这孩子是亡兄的一点骨血,亡兄死得冤枉,我怎能丝毫掉以轻心!假使他万一有三长两短,我便立即返回朝廷,从此决不出仕!"所幸王俭很快康复,并且大约就在此年,承袭了父亲生前的爵号豫宁县侯。

他也确实不辜负叔父的一片苦心,从小手不释卷,向慕历史上那些治国平天下的先贤和自家出将入相功业烜赫的前辈们,曾经写过一首五言诗表达志向,其中说:

冉冉老将至,功名竟不修。
稷契匡虞夏,伊吕翼商周。①

稷是虞舜时的贤臣,曾经教民种植五谷;契曾帮助夏禹治水;伊尹辅佐商汤消灭夏桀,建立商朝;吕尚辅佐周武王消灭商纣,建立周朝。他们都是远古时代为人称赏的贤相。这些诗句,流露出少年王俭的宰相之志。至

---

① 见《先秦两汉魏晋南北朝诗》齐诗卷一。

于所谓"冉冉老将至"云云,不过是韶华易逝的警惧而已,其实他当时才十几岁,何老之有!即使他死时也还不到四十岁,又何老之有!从另一方面说,这些诗句正表现出他那舍我其谁的强烈的自信心和时不我待的汲汲的进取心、功名心。与谢氏不同,王氏从西晋以来始终没有受到严重的打击,它的子弟们也始终比谢氏富于进取,这从以前和以后的许多事例都可看出。

小小的王俭常常流露出"宰相之志",时人却并不讥他狂妄。他的才华、学养和风神,王氏家族"卿门有卿,相门有相"的历史,都使人觉得他有这种志向不足为怪。比如司徒袁粲一见他便说:"宰相之门也,终当成为栋梁之材。"叔父王僧虔也说:"我不担心这孩子无名,只担心他名声太大。"

王俭也用自己的行为向别人确证着自己。他从小熟读"三礼"(《周礼》《仪礼》《礼记》),熟谙各种各样的典章礼制和伦理规范,日常生活也总是依礼而行。据他的朋友任昉在他死后写的《王文宪集序》记载,他母亲武康公主生前与刘彧关系不好,后来刘彧做了皇帝,下令毁坏她的坟墓,把棺材扒出来扔掉。王俭得知后,立即上书抗议,表示誓死不能遵命,言辞诚挚,哀婉动人,终于使刘彧收回这道命令。当时他仅仅十四岁。任昉又说他"年始志学,家门礼训,皆折中于公"。[①] "志学"即十五岁,那时候他家的礼度训诫便都取决于他的意见。他的这种修养与品质,正合于儒家礼学日益复兴的时代精神,也是他以后能够声名显赫的原因之一。

[①] 《全梁文》卷四十四。

又过了几年,王俭娶了刘彧的女儿阳羡公主,拜为驸马都尉,十八岁任太子舍人,二十二岁任秘书丞。他学识渊博,饱览群书,主持编写古今图书目录,撰成《七志》四十卷,将皇家图书馆的所有藏书分为《经典志》《诸子志》《文翰志》《军书志》《阴阳志》《艺术志》《图谱志》七个类别,又主编了《元徽四部书目》一万五千七百零四卷。这些都为古代的图书目录学做出重要贡献。袁粲对他愈加器重,擢升他为自己的右长史,与左长史一起分管府内的各种事务。

但他在这里并未久待,因为他看出袁粲这座冰山是依靠不住的。

又一个历史机遇

宋明帝刘彧自以为杀了王彧便可以死而瞑目,但他意想不到的是,篡了刘氏大位的却是他并不在意的萧道成。

萧道成与刘家有点儿亲戚关系,刘裕的继母便是萧氏的女儿,但那时刘家的社会地位还很低,可以想见萧道成的出身也比较寒微,后来他当了皇帝曾对王俭等人感慨地说:"我原是布衣素族,想不到有这天。"他就是依靠着这层疏远的亲戚关系,再加上自己的才干与军功,逐渐爬到刺史,到刘彧死前已经成为掌管朝廷卫兵的中领军,可见刘彧对他是信而不疑的。

刘彧死后,太子刘昱即位,年方十岁,由袁粲、褚渊、沈攸之、萧道成等掌管机要。刘昱起初还算老实,随着年龄的增长和绝对权力的腐蚀,一天天放纵骄恣起来,极其荒淫,又喜欢恶作剧,以杀人取乐,甚至要以萧道成的便便大腹当作箭靶子练习射击,幸亏旁人劝说才保住了萧道成的性命。萧道成在皇室内部的互相倾轧中壮大起来,掌握了朝廷的实权,便于元徽五年(477年)七月杀掉刘昱,另立刘准为宋顺帝。刘准年方十一岁,不过是萧道成幕后随意摆布的傀儡而已。

现在局势越来越明朗了,显然又到了改朝换代的时候,王氏子弟又面临着新的历史机遇与挑战,对此做出灵敏反应的是王弘之的孙子王晏。王弘之是位隐士,屡征不出,终身不仕,他这一支对功名都比较淡泊,王晏却是个例外。当时萧道成的长子萧赜为江夏内史,王晏为其记室,尽心事奉,得到萧赜的信任。

另一个王氏子弟王蕴却做出了截然相反的选择。前面曾经说过,王蕴是个汲汲功名的人物,曾经受到叔父王彧的申斥。现在他觉得建功立业以取封侯的机会来了。不过他并不相信萧道成能够成功,因而站在皇室一边,具体说也就是站在萧道成的政敌袁粲一边。袁粲是宋室的忠臣,他对萧道成废杀皇帝和不臣之心十分不满,便在出镇石头城期间联合荆州刺史沈攸之,于当年十月起兵声讨萧道成。王蕴当时任湘州刺史,也加入了反萧的联盟。但袁粲徒然有一片忠心,却缺乏效忠的才略,所谓"智不足以除奸,权不足以处变",联军很快便被萧道成、萧赜击破,王蕴也战败被杀。王晏在这次动乱中坚定站在萧氏一边,在自己的功劳簿上无疑又重重写上了一笔。王蕴的被杀则牵连到另外一人,那便是他的堂弟王奂。王奂当时正任吏部尚书的要职,因为他与王蕴的这层关系,加以妻子又是公主,受到萧赜的怀疑,打算奏他一本,幸亏王晏为他多方开脱,才安然无恙,保住自己的官职。王奂在下一章还要提及,特别是他的儿子王肃投奔北魏,在那里另辟天地,做成一番事业,更是要大书一笔的。

消灭了政敌袁粲以后,萧道成巩固了自己的地位,升任为大都督中外诸军事、太傅、扬州刺史,把军国大权集于一身,他的儿子萧赜也回到朝廷,王晏升为领军司马,王僧虔升为尚书令,王延之升为尚书左仆射,王奂出任吴兴太守,王秀之为寻阳太守。

但在这一系列的事变中反应最积极的当数王俭。王俭早就看出袁粲与萧道成存在矛盾,而袁又不是萧的敌手,便辞去袁的长史之职,要求出守地方,几年以后回到朝廷升任侍中。这时袁粲已被消灭,他更进一步向萧道成靠拢。萧道成升为太傅,便是出于他的提议。

这时已经到了顺帝昇明三年(479年),即刘宋王朝的最后一年。萧道成在走出决定性的一步棋之前,很希望得到谢氏子弟谢朏的赞助,因为谢朏的资历、名望都在王俭之上,王俭毕竟年轻。谢朏当时正任萧道成的长史,便在一天晚上约他密谈,想诱使他主动捅破这层窗户纸儿。但谢朏虽明知他心底的秘密和用心,却故意一言不发。萧道成以为他担心室内两个举着蜡烛的侍儿会泄露天机,便将他俩支使走,亲自举烛,谢朏仍沉默无语。萧道成十分失望,不欢而散。

王俭却趁机补了这个缺。有一次他私下对萧道成说:"功高不赏,以公今天的功劳,难道可以久居人臣之位?"萧道成连忙正色止住他,态度却并不严厉。王俭看穿了他深层的心理活动,便毫不顾忌,直言不讳劝他及早登位。这正中他的下怀,便征引王俭为左长史,谢朏改任侍中。他们又拉上了司空褚渊,紧锣密鼓筹备着一场送旧迎新的喜剧。

二王持平,不送不迎

在这一系列事变中,王僧虔、王延之二人采取审慎、老成、持重的态度。当萧道成与袁粲两派力量互相对立的时候,胜负还不分明,朝廷官员有的倒向这一派,有的倒向那一派,他俩却不偏不倚,保持中立,毫不流露自己的态度与倾向。萧道成杀死袁粲他俩不加反对,提升他俩官职也不加推辞。萧道成的不臣之心越来越明显,刘宋小朝廷越来越危殆,他俩仍持无所谓的态度,既不硬去维护那快要倒塌的旧王朝,也不如同王俭那样极力赞助萧道成建立新王朝。这种态度被时人评为:"二王持平,不送不迎。"

这首先是由他俩的地位决定的。当时二人都已经五十多岁,久经世事沧桑和宦海浮沉,是很有威望的资深官员,一方面他们固然不能去做旧王朝的殉葬品,另一方面也不宜像青年王俭那样争做新王朝的佐命,这会显得轻浮、躁进、锐意功名,反被萧道成所轻,也被士林所讥,不合乎朝廷重臣的身份。同时他们知道,只要保持这种"持平"的态度,默认萧道成的所作所为,就会"平流进取,坐致公卿"。

他们的行为还有更深层的思想根源。王延之是王裕之的孙子。王裕之的一支大都不很刻意功名,采取"朝隐"态度。王延之也是如此。他对财富和权势一向看得比较淡泊,在做地方官时,不营家产,房屋漏雨,还是皇帝下令为他造了新屋三间。像这样的生活态度,怎肯去火中取栗呢?前面说过,王僧虔从小天性老成,沉默寡言,安于寂寞,很少与外界交际。当王俭等人正忙于为萧道成上台鸣锣开道时,他却在自己主持的尚书省墙壁上题了几行字作为座右铭:

圆行方止,物之定质。修之不已则溢,高之不已则栗,驰之不已则踬,引之不已则迭,是故去之宜疾。①

---

① 《南齐书》卷三十三《王僧虔传》。

意思是说：圆滑的东西永远通行，方正的东西容易停止，这是万物的固有性质。不停进取会过头，不停攀高会战栗，不停奔竞会摔跤，不停向前会跌倒，这些毛病都应当快快避免。由此可以看出他的止足思想和外方内圆的处世态度。

王僧虔诫子

《南齐书》王僧虔的本传上说他曾在刘宋时写信训诫儿子，并记载了信的原文。推算起来，这信是写给他的长子王慈的，时间是刘宋的最后一年，因为信中说到"汝年入立境"即要进入三十岁，而那年王慈正好二十九岁。从这封信中可以进一步窥见王僧虔的思想、王氏子弟的心态和当时的士风，故摘录两段一观。

这封信主要是训诫儿子好好读书的。前半段说：

> 曼倩有云："谈何容易。"见诸玄，志为之逸，肠为之抽。专一书，转诵数十家注，自少至老，手不释卷，尚未敢轻言。汝开《老子》卷头五尺许，未知辅嗣何所道，平叔何所说，马、郑何所异，《指例》何所明，而便盛于麈尾，自呼谈士，此最险事。设令袁令命汝言《易》，谢中书挑汝言《庄》，张吴兴叩汝言《老》，端可复言未尝看邪？

这里告诫儿子不可一知半解夸夸其谈。汉人东方朔（字曼倩）说的"谈何容易"原指讽谏君上的不易，王僧虔却借用来指清谈玄学。他说自己虽然读到各种玄理就神采飞扬，但搞通它却不容易，各家注解，从小到老也弄不很透彻。比如你想研究《老子》，但不知王弼（字辅嗣）、何晏（字平叔)是怎么注解的,马融与郑玄之说有什么差异,王弼的《指例》是怎么阐释的,便挥动麈尾扇夸夸其谈,以清谈家自命,这是最危险不过的事情。如果袁粲请你谈《周易》,谢庄请你谈《庄子》,张劭请你谈《老子》,难道你可以说还未曾读过吗?

从这些话中可以看出到了南朝,清谈玄学仍为士大夫所爱好,仍是名士风流的标志,所谈仍然是《老》《庄》《易》所谓"三玄"之理。其中说的袁粲、谢庄、张劭都是刘宋时的达官贵人,在玄学方面各有专攻。所以礼学虽然受到统治者的重视,但仍然没有压倒玄风。王氏子弟虽能适应时代,更新头脑,越来越趋向于"礼",但思想深处却有一个牢固的"玄"的情结,王僧虔这些话可以说代表了大多数王氏子弟的心态。这是"王谢风流"的一个内容。

信的后半段谈到王氏子弟的未来:

> 王家门中,优者或龙凤,劣者犹虎豹,失荫之后,岂龙虎之议?况吾不能为汝荫,正应各自努力耳。

意思是说:王氏子弟现在凭着祖上的庇荫,不要说优秀子弟,即使比较顽劣的也不愁弄个一官半职,但一旦失去庇荫,那就将是另一种局面了。况且,我恐怕未必能够得到封妻荫子,你们兄弟该各自努力进取。至于努力的途径,便是下文所说的:"读数百卷书。"

可见王僧虔虽然外示淡泊不竞,其实还是希望儿子们进取的,以发扬王氏的门户。这也是多数王氏子弟的共同心态,只不过王僧虔有更多的忧患意识,虽然王氏家族还远远不到式微的时候,但他已经敏感到那兴盛中的阴影,时刻不忘居安思危。再者也可看出,王氏家族虽然世代簪缨,却也并不尽是依靠祖上的余荫和九品中正制度的保护,他们大多数都勤读好学,各有专长,敏感灵活,因而能够应付时世的变迁而历久不衰。

将一家物与一家

现在让我们再回到王俭。他正在紧张地起草着禅位用的各种文件。褚渊只起草了禅位诏书,最后还是经过他修改、润色才定稿的。这年三月,经他提议,萧道成又升为相国,封齐公,受九锡。他成为齐国的尚书右仆射兼吏部尚书,年仅二十八岁。

"应天顺人"的时机完全成熟了。四月,终于隆重举行了禅位大典,十四岁的宋顺帝刘准乖乖地把江山奉送给萧道成。在举行禅位典礼时,萧道成仍然希望谢朏传玺,因为他正任侍中,而王俭也毕竟太年轻。但谢朏仍不肯合作,拂袖而去,只得临时以王俭为侍中,与褚渊一起从刘准那里解下皇权的标志——玺绶,奉送给萧道成。这也就等于传递整个江山社稷,从此萧道成一下子成为齐高帝,宋也刹那间变成了齐。

王氏子弟不乏各种类型。当刘准登上画轮车,以一个王公的身份永远离开皇宫时,右光禄大夫王琨抓住车子大哭。王琨是王华的堂弟,早在晋末已经出仕,现在是王氏家族中年辈最高的人物,已经八十多岁。他说:"人家都以长寿为喜,我却以长寿为悲。我这个老不死的,怎么频频看到这种事情!"他感叹世事沧桑和朝代屡改,未必对哪个王朝有多么深的感情。

当司空褚渊前往参加禅位大典时,他的堂弟褚炤来到他家,故意问他的儿子褚贲:"令尊今日哪里去了?"褚贲回答上朝传玺去了。褚炤讥刺说:"真是将一家物与一家!"这个讥刺同样适合于王俭。

褚渊、王俭以他们的佐命之功受到封赏,褚渊封为南康郡公,王俭封为南昌县公。当时有个玩世不恭的隐士何点对人说:"齐朝刚刚开始,我却把《齐书》已经写好,连赞都有了。""赞"是史书传记末尾用韵语写成的带有总结、评价性质的话。何点说他写的"赞"是:

渊既世族,俭亦国华;不赖舅氏,遑恤国家!①

褚渊的母亲、继母、妻子都是刘宋的公主,王俭的母亲、妻子也是刘宋公主。"赖"即"利"之意。何点讽刺他们二人做出不利于舅舅家的事情,更哪里谈得上怜惜国家!这个嘲讽得到后世正统史学家的共鸣。但是何点是否想到,当王俭的父辈王僧绰、王彧被杀害时,宋帝何曾对他们有丝毫怜悯从而手下留情呢?

其他王氏子弟也都和和平平地从一个王朝进入另一个王朝,仍然不失权位与荣耀,如同《南齐书》的作者在《褚渊王俭传》后所说的:"主位虽改,臣任如初。"

---

① 《南齐书》卷五十四《高逸传》。

第七章 流誉南北

　　其先自秦至宋,国史家牒详焉。晋中兴以来,六世名德,海内冠冕。古语云:"仁人之利,天道运行。"故吕虔归其佩刀,郭璞誓以淮水……
　　　　　　　　　　　　　　　　　　——任昉《王文宪集序》

时　　间:齐(公元479—502年)。
主要人物:王俭,王融,王肃。

南朝宋、齐、梁、陈四个联翩而至的小朝廷都很短暂,而齐尤短,仅仅二十三年,像昙花一般旋开旋闭了。但王氏家族却还有许多事情可记,它兴旺的势头仍然不减。这个时期最重要的人物首推王俭,其次是王肃逃亡北魏成为宰辅,又把王氏的声誉、权势与影响扩展到北方。另外,南齐亦犹刘宋,掌握实权的仍是出身寒微的皇帝和武将,王氏子弟的富贵也仍不过是"马棰"下的富贵,被杀的仍不乏其人。

一代儒宗

南齐前期的十年可以说是王俭的时代,也是魏晋以来儒学复苏的时代。萧道成本人重视儒学,十三岁时曾师从名儒雷次宗学习"三礼"、《左氏春秋》,这与王俭的志趣恰巧相合;即位之初,他又赞叹"儒者之言,可宝万世",要将儒学作为立国之本。王俭既是开国功臣,又长于礼学,如鱼得水,大显身手,在当时获得"儒宗"之称。

造次必入于儒

儒学的核心是"礼"。礼是一种规范,用来约束人们的行为和相互关系,建立相应的典章制度与仪式,形成各得其所、井然不紊的社会、政治秩序,这是儒学平治天下的力量之所在。王俭作为一名官高位显的儒臣,礼是他得心应手的为政指针。

他用这个指针衡量一切,也衡量君王萧道成的行为,时时校正着一切非礼之举。萧道成即位后的第二年,为了显示新朝的气派,打算大兴土木,拆毁宋明帝用金玉绸缎建造装饰的紫极殿,用这些材料修建一道宫门。王俭、褚渊、王僧虔认为劳民伤财,联名上表谏阻。王僧虔当时任侍中等职。还有一次萧道成率领群臣在华林园中宴集,命群臣各露一手绝技,君臣同乐。在场几个最重要的大臣,有的弹琵琶,有的唱民间小调,有的跳舞,连平时最严谨的王僧虔也弹起琴来。其实君臣这样放松、潇洒一回也未尝不可,王俭却觉得未免有失体统,便一本正经说:"臣什么技艺也没有,只会背书。"于是跪在萧道成面前滔滔不绝背诵司马相如的《封禅书》。封禅是古代帝王在泰山祭祀天地的隆重仪式,把人间的权力与天意沟通起来。王俭背诵《封禅书》显然是一种特殊的劝谏,希望萧道成更加关注奉天治国、经天纬地的大业,而不沉溺于这些卑俗的戏谑。其实王俭原也多才多艺,精通音乐,但他更加关心的是可以移风易俗的雅乐,曾与王僧虔联名上表建议派遣使者到北方搜集。萧道成当然也明白王俭背诵《封禅书》的用意,肃然改容,说是"天生王俭,助我治理天下"。

萧道成与刘裕一样,也仅仅做了三年皇帝,于建元四年(482年)去世,遗嘱王俭、褚渊二人辅佐太子萧赜即位,为齐武帝。王晏早就是萧赜的心腹,萧赜即位后对他仍十分倚重,朝夕相见,议论朝政。王晏锋芒毕露不甘人下,连王俭也怕他几分。萧赜又要提升王僧虔的官职,王僧虔深知戒满畏盈的道理,侄儿王俭已经做了执政大臣,自己如果再不止足,只会引来祸患,因而坚辞不受,几年后病逝。王延之本就淡于荣利,第二年便托病要求解职,不久也病逝。另外王奂出任为湘州刺史。其他王氏子弟也有升迁。

不过王俭的地位毕竟最为显赫,实现了他少时的宰相之志时,才不过三十出头的年纪。年轻时在家中凡事取决于他的意见,现在在朝廷上也是如此,特别是有关礼制方面的疑问都要咨询于他。他对答如流,无所遗漏。每当朝廷上有所争议,他旁征博引,议论风发,别人很难提出异议,只有他的族叔王逡之有点例外。王俭撰写了一部《丧服古今集记》,他挑出了十一处毛病,使王俭口服心服。王逡之出身于礼学世家,从曾祖父王彪之以来世世专治礼学,称为"王氏青箱学"。王逡之本人更手不释卷,埋头钻研,甚至不洗衣服,书桌也落满灰尘。但他的影响和地位毕竟远不如王俭,著述也没有王俭丰富。王俭关于礼制方面的议论史书有很多记载,这里只把《隋书·经籍志》著录的有关礼学的著述摘录如下:

《丧服古今集记》三卷

《丧服图》一卷

《礼论要钞》十卷

《礼答问》三卷

《礼义答问》八卷

《吊答仪》十卷

《吉书仪》二卷

在他的影响带动之下,儒学曾一度复苏,如同他的本传所说,当时的士人"并尚经学,儒教于此大兴"。不过整个魏晋南北朝毕竟是儒学的中衰时代,他死去以后,这股风气逐渐式微了。

国师

在重儒向学的风气下,王逡之早在萧道成生前便上书提议设立国子学,招收贵族子弟入学,培养更多精通儒学能够治国化民的人才。这个建议得到萧道成与王俭的赞成。但国子学真正建立起来招收生员,却是在齐武帝萧赜上台的第二年即永明二年(484年),以王俭为国子祭酒即校长,王逡之为国子博士,即国子学的教师。这样,王俭便成为"国师"。

第二年,王俭又兼任太子少傅,成为文惠太子萧长懋的老师。

王俭得到极其优厚的待遇。萧赜在他家中开学士馆,把宋时总明观所藏的儒、道、文、史四个方面的国书都放在他家,作为学生们研究的图书馆。又让王俭在自己家中办公,不必天天上朝。朝廷上有什么事情或疑难,派人到他家咨询。永明四年(486年),王俭又兼任了吏部尚书,负责官员的选拔安排。这样除了兵权之外,政权、教育权、用人权都掌管在他手中,其荣耀当世莫比。

王俭为官勤恳,一心埋头事务,淡泊寡欲,不经营家财,车辆、衣服都很朴素。他对教育尤其关心,十天一到国子学中视察,考试学生。他态度随和,举止随便,常常把头发披散开,斜披着一块头巾,别有一种潇洒自如的风度,曾自负地对人说:"江左风流宰相,唯有谢安一人而已。"言外之意,他是以谢安自比的。谢安虽身为东晋宰相,骨子里却是玄学名士,老庄思想十分浓厚。从王俭的这句话可以看出,王俭尽管当时有一代儒宗之称,其实他心灵深处却为老庄留出了余地,并不是一个醇然的儒者。可以说:王氏子弟几乎没有一个纯儒,整个南朝的达官贵人中也很少纯儒。礼学,不过是他们顺从时代潮流、博取功名、平治天下的工具而已。

还应当指出的是,王俭尽管看起来荣荣耀耀,热热闹闹,其实也有他的苦衷,真正的实权并不在他手中。从刘宋以来,皇帝虽然表面礼遇世家子弟,借用他们的政治影响,其实对他们很有戒心,真正信任的是寒人,让他们掌管兵权,掌握机要。这是王俭如鱼在水冷暖自知的。当他与张敬则一起被授予开府仪同三司时,曾自嘲道:"这真是老子与韩非同传!"老子与韩非,一个是道家,一个是法家,二人的传记在《史记》中同为一卷,有人认为这是风马牛不相及的。其实《史记》也自有《史记》的道理,且不具论。张敬则是寒人出身,母亲是女巫,因屡立战功,甚为萧道成所信重,王俭的话中有牢骚,有不平,也有对寒人的轻蔑,羞于与之为伍。他还曾发牢骚说:"我虽有高位,其实权力哪比得上茹公!"茹公即茹法亮,也是寒人,善于察言观色,颇受萧道成的信任,在朝廷中官职虽不高,却掌管机要,权力很大,用以牵制世族出身的官员。这些都是南朝以来政治上的变局。

族人心态种种

王俭势位显赫,光彩耀目,对此,其他王氏子弟表现出种种不同心态,而这又与他们各自的性格气质与人生态度有关。

王僧虔作为一手把他拉扯大的亲叔叔,对他是真诚关怀的,希望他能发挥自己,以慰亡兄的在地之灵,但也常常告诫他要心怀止足,不可权势过重。

王延之的堂弟王秀之承传了祖父王敬弘以来的"朝隐"传统,在任尚书时,王俭是他的顶头上司——尚书令,他却并不与王俭特别亲近。他的父亲王瓒之为人也是如此,从不巴结朝廷贵官,被时人称为"朝隐"。因此,人们称赏王秀之是"三世不事权贵"。后来他出任吴兴太守,像祖父王敬弘一样,在那里修治居室,游赏山水,过着亦官亦隐的生活。

王僧祐的态度大致相似。他是王珣的曾孙。南朝以来,世家大族分化为小家庭,各自的境况不尽相同,有的富贵显达,有的则较为贫寒清冷。王僧祐为人落拓不羁,不愿趋炎附势,虽也做官,却与人落落寡合。

萧道成曾称他为"朝隐"。当时王俭名高一代,车马盈门,高朋满座,他却从不上门,只写过一首诗赠送王俭,加以调侃:

> 汝家在市门,我家在南郭;汝家饶宾侣,我家多鸟雀。①

值得注意的是王融,他对王俭抱着歆羡的态度。他是王僧达的孙子,王俭的堂侄。他有抱负,有才华。王氏子弟虽也爱好写诗作文,但文学成就不高,他是较为突出的一个,与沈约、谢朓创立了永明新体诗即格律诗。当王俭成为宰相之时,他写了一封信和一首诗相赠,口气自信,咄咄逼人,王俭读后为之一震。当时他才十多岁。

对王俭抱着嫉视态度的是王晏。他几乎对所有的人都如此,不愿看到别人的升迁。前面说过,他是齐武帝萧赜多年的心腹,萧赜对他言听计从。他本与王奂关系不错,但当萧赜想用王奂为尚书令而征求他的看法时,他却提出异议,认为王奂资历不够。对王俭的巨大声望与地位他早就心怀嫉妒,却无可奈何。永明七年(489年)王俭病逝,朝廷上讨论他的谥号问题,打算依王导的先例,谥号为"文献公"。王晏又提出反对,说王导虽得到这个谥号,但从刘宋朝再未给予皇室以外的人。最后王俭谥号为"文宪公"。

王俭只活了三十八岁,但他短暂的一生却做成许多事业。他是宋齐之际最活跃的政治家和学者。他著述甚丰,除礼学、目录学外,谱学也有贡献。他又是诗人,钟嵘《诗品》把他列入"下品",而凡能入品的都是"才

---

① 《南史》卷二十一《王弘传》。

子"。在学术方面,特别是推动儒学的复兴与发展方面,他的成就远远超过先祖王导,也超过其他王氏子弟。他是王氏家族历史上的又一座高峰,典型体现出王氏子弟善于与时推迁的传统。他无疑是王氏家族权势的"传刀人"。任昉在他的文集的序言中说:

> 古人云:"仁人之利,天道运行。"故吕虔归其佩刀,郭璞誓以淮水。①

"仁人"云云姑置不论。"佩刀""淮水"在时人眼中,是王氏家族的两个象征,"佩刀"象征权势,"淮水"象征源远流长。而王俭,在任昉看来,便是这两个象征的象征。

权欲的祭坛

眼馋王俭的王融和嫉恨王俭的王晏,躁于进取的王融和锋芒毕露的王晏,都没有得到善终,成为权欲的牺牲品。

《曲水诗序》

王俭去世的第二年(490年),齐武帝萧赜图谋北伐中原,令一位画师绘制《汉武北伐图》,又让王融主持此事。王融觉得建功立业博取功名的时候到了。他当然不能满足于这种画梅止渴、纸上谈兵的差事,他渴

---

① 任昉《王文宪集序》,《全梁文》卷四十四。

望真刀实枪,像汉武帝的名将卫青、霍去病那样,便上书要求率领大军作为前驱,"扫狼山之积雾,系单于之颈,屈左贤之膝"。这不过书生的大言而已,萧赜自然不会轻信。他本人也没有真的北伐,只是把这幅画挂在墙上观览欣赏。

　　王融就是这样一个轻躁自信的膏粱子弟。前面说过王弘为人严谨,遵循礼度,被称为"王太保家法"。他的儿子王僧达却轻躁狂傲,急于功名,最后被杀。王僧达的孙子王融与他一脉相承,重蹈了他的覆辙。王融的父亲王道琰官至庐陵太守,这在王氏家族算是不太发达的了。王融常以为恨,发誓要振兴家声,屡屡上书要求一试身手。这种轻躁的举动是王氏家族的大忌,因为凭着他们的门第,是不愁无官可做的,所以凡是那些头脑明智的,都一再告诫子弟不可轻举妄图,如王僧虔告诫儿子王志等要"平流进取,坐至公卿",王志则告诫急于功名的弟弟王寂说:"你是膏粱少年,何患不达!"他们都是王融的同时代人。

　　王融却看不破这一点,他不放弃任何一个自我表现的机会。又过了一年,永明九年(491年)春天上巳节,萧赜与朝臣四五十人在芳林园中宴饮赋诗,令王融作《曲水诗序》。王融文思敏捷,援笔立成,词藻华美,在当时脍炙人口,甚至流传到北方,并一直保存至今。王融自然十分得意。

　　永明十一年(493年),北魏使者房景高、宋弁来访,二人都颇有文才,善于辞令。朝廷觉得只有王融的文才口辩方能对付,便派他负责接待。房、宋二人见王融年轻,便问多大年纪,王融并不正面回答,只是说:"如果人生可以活五十岁,那我已过了半辈子了。"他们在北方便听说王融作有《曲水诗序》,请求一阅,王融便送了他们一份。第二天,宋弁对王融说:"以前读司马相如《封禅书》,方知汉武之德,今日读了大作,可见齐王之盛。"王融回答:"我们大齐的盛明,汉武哪能相比;至于我的拙文,却不敢与相如并论。"萧赜因为北魏进献的马匹不好,让王融提出质问,宋弁说:"可能是来到南方,不服水土的缘故吧。"王融说:"周穆王的天马可以跑遍天下,分什么南北东西!"这些外交辞令都巧妙而得体,不辱使命,可以看出王融确是有才华的。

这年王融二十七岁。他本来自恃才华门第,自信三十岁以内便可成为宰辅,像叔父王俭和别的前辈那样。不料现在却仍然官位不高,时常郁郁不乐。

破灭的梦幻

这一年对于王氏子弟,对于皇室,都是多灾多事的一年。

首先是王奂惹下了乱子。前面说过,萧赜本想提升王奂为尚书令,由于王晏的作梗,出任镇北将军、雍州刺史,都督四五个州的军事,权遇也很重。但这年二月,他擅自杀死了一位部属,诬说他勾结当地土著,煽动造反,图谋不轨。此事传到朝廷,萧赜大怒,令人弹劾王奂。王融要求率兵前往,讨伐自己的族叔。萧赜未允,派人前往宣旨收捕。为了防止他拒捕,又令军队随后跟上。王奂的儿子王彪生性剽悍,年轻气盛,率兵闭门拒守。三月,兵临城下。王奂的部下在城内倒戈,杀了王奂及其子王彪、王爽、王弼。另外两个儿子王琛、王融(另一人)正任京官,也被株连。只有第三子王肃得以逃脱,投奔北魏。

王融又失去一个立功的机会,有点儿颓丧。恰巧此时竟陵王萧子良因为北方边境多事,在士林招募人才。萧子良是萧赜的第二子,礼贤下士,文人才士甚至释道都围绕在他周围。他知道王融好功名,有才干,又是名家子弟,便任命他为宁朔将军,二人关系愈加亲密。王融有了萧子良作后台,更加活跃起来,大量结交文武人才,并在江西招集了几百名精干的队伍,准备边境一旦有事,便奔赴前线,杀敌立功。

七月,齐武帝萧赜病重。他觉得尚书省是"职务根本",任命王晏、徐孝嗣二人为左右二仆射。至于继承人,因为文惠太子萧长懋先已去世,已经立下其子萧昭业为皇太孙。这天,萧赜病危,昏死过去,旁边的人以为他已经绝气,慌忙料理后事。王融身着戎装,率人立在中书省门口,不准皇太孙萧昭业入内,想立萧子良为帝。不料萧赜又苏醒过来,连呼萧昭业,又托付堂弟萧鸾辅佐昭业即位,说毕才真正断了气。王融知道大势已去,没精打采回到家里。但萧昭业却不肯罢休,即位才几天,便下令把王融逮捕入狱,令人上书历数他的罪状,把他招募人马当作谋反的明证。王融在狱中上书针锋相对一一驳斥辩白,据理力争,但还会有什么用处呢?不久便赐死于狱中。

王融之死固然是因为他骄傲自信,急于功名,进取不已,但更主要的是他干预了皇室的家事,这是大忌中的大忌。

巢窟何处

萧昭业即位时已二十二岁,大权掌握在尚书令萧鸾手中,二人逐渐发生了矛盾,萧昭业想把萧鸾逐出朝廷,萧鸾也想把萧昭业废除。朝廷上的政局微妙而险恶,有识之士极力想摆脱这种处境,避灾远祸,如陈郡谢氏的谢朓、谢瀹兄弟便是如此。王晏却觉得这是一个再向上爬的好机会。他看出萧鸾势力大,便一头扎进其怀抱,成为重要谋主。他的堂弟王思远也在朝廷做官,劝他不要搅入斗争的漩涡,他本是利欲熏心之徒,哪里听得进去!

萧昭业只做了一年皇帝,第二年(494年)七月便被萧鸾、王晏等人杀掉,另立新安王萧昭文为帝,时年十五岁。萧鸾成为宰相,王晏代替他原来的位子做了尚书令,封曲江县侯。萧昭文的皇位坐得更短,仅仅三个月,又被赶下台来,萧鸾自己做了皇帝,史称齐明帝。一年不到,竟然换了三个皇帝!

王晏为萧鸾的上台出了力,得到更加优厚的封赏,除原有官职外,又进号为骠骑大将军,进爵为曲江县公,兼领太子少傅,配给卫兵一百人,真是备极荣耀,春风得意,有点利令智昏,忘乎所以。萧鸾即位不久,为了庆祝他除旧布新,设宴招待朝廷百官。席间请功臣上酒。王晏自以为是理所当然的头号功臣,便第一个站起来祝酒,其他人也只得随着站起,独有谢瀹安坐如故,大声说:"陛下即位是应天顺人,王晏却贪天之功为己有。"萧鸾听了大笑。在这两次皇权的变迁中,谢瀹都抱着不管不问的态度,一任你争我夺,用他哥哥的话说,就是"只宜饮酒,勿管人事"。王晏对谢瀹的话虽暗中怀恨,但也无可奈何,宴罢还请他乘着自己的车一同回去,想乘机联络感情。谢瀹却正色说:"我不知道你的巢窟在何处!"

谢瀹的话中有讽刺,也有真诚的警告。俗话说"狡兔三窟",王晏干进不已,已经把事情推到了极点,他的下场又能如何呢?

渗血的屏风

不管是堂弟王思远的劝诫,还是谢瀹的警告,都唤不醒王晏的理智,反而使他更加自我陶醉,得意忘形。他自以为是佐命功臣,说话肆无忌惮,有时竟然带着讥刺的口气谈到齐武帝萧赜时的往事,妄加评论。这些话免不了传到萧鸾耳中。萧鸾与王晏相处多年,深知他的贪得无厌,过去不过利用他而已,其实早就对他心怀疑忌。现在见他越发狂妄,决心寻找借口除掉他,便派出心腹到大街小巷搜集他的奇谈怪论。这一切都是秘密进行的,王晏还蒙在鼓里,仍然毫不收敛。他为人浅薄,胸无城府,再加上高官厚禄,得意忘形,常常信口开河。他喜欢相命算卦,把那些阿谀奉承的无稽之谈信以为真,到处传播,说什么自己贵不可言。又好与人私下秘密谈话,更增加了萧鸾的猜疑之心。他的儿子王德元也不严谨,常与一些不三不四的人来往,又把他一些随口说出的狂话泄漏出去。萧鸾派出的心腹更火上加油,说王晏要趁萧鸾外出祭天地时发难。杀掉王晏的决心最后下定了。

建武四年(497年)正月二十八日,萧鸾召王晏入朝参加"元会",王晏想不到会有什么不测,仍像平常一样得意洋洋乘车赴会。王德元留在家中,忽然看到屏风上无缘无故渗出血来,心中非常疑虑,坐立不安,觉得似乎有什么不祥之事将要发生。果然不多会儿传来王晏被杀的消息,他自己以及弟弟德和也被带走,不久被杀害。

王晏是南齐后期王氏家族权位最高的人物。在他生前和死后,王氏家族的新一代,特别是王导的七世孙又成长起来踏上了政治舞台。与此相反,南齐王朝却到了不可救药的晚期,一场新的篡位阴谋又在酝酿之中。不过我们且把眼光放远,看看早些年逃亡到北魏的王肃。

名标北史

王肃在历史上是作为北朝人物,传记载于《魏书》和《北史》中,因为他在北方度过有用之年,在那里发挥才能,放射光华。他代表的是整个王氏家族,把影响扩展到北方,这在当时是其他世族所罕见的。如果我们不以"叛国"对他加以苛责,如果我们念及古代中国的具体情况,特别是他本人的特殊遭际与苦衷,那么应当说,他对沟通南北文化是功不可没的。

流落与知音

让我们再回到王奂被杀之后,回到齐永明十一年,也就是北魏太和十七年(493年)。

王肃的父亲王奂以及几个弟弟被杀以后,他连夜仓惶北逃。当时他已经三十岁,有了妻室孩子,这一切只能忍痛割爱。他的祖籍虽是北方,但在南方定居已经许多代了,这还是第一次踏上北方广阔的土地。时值暮春三月,虽然没有南方那样明丽的风景,却也时而可以看到杂花生树,听到鸟儿鸣春,闻到泥土和野草的芬芳气息。不过这一切他都没有心思欣赏,只有满腔的仇恨、悲愤、屈辱、凄凉。

他走得很慢,有时昼伏夜行,有时要设法弄点食物,有时还遇到各种各样的麻烦与纠缠,常常十天半个月停顿不前,在路上整整走了半年。直到深秋九月,才来到悬瓠(今河南汝南县)。这里属于北魏。太守刘模了解了他的遭际,看到他像叫花子般憔悴的面容和褴褛的衣服,很同情这个落难王孙,供给他衣食,安排休息,并派人报告了朝廷。后来王肃发迹了,便像韩信报答那位善良的洗衣老妪一样,也厚厚地答谢了这位救命恩人。

北魏当时在位的是孝文帝元宏(此时尚称拓跋宏,后改称元宏),他可以说是整个北朝最英明的君主。当时正锐意改革,积极吸收南方来的人才。听说王肃是丞相王导之后,十分高兴。不过他也难免有所怀疑,怕是南边派来的奸细,便先派曾在南方做过官的成淹前往接引试探,并嘱咐他路上遇到古迹,都要一一向王肃指点介绍,让他了解中原衣冠文物之所在。成淹带着王肃向邺城(在今河北临漳县西南)进发。走到朝歌(今河南淇县)时,王肃问此是何城,成淹告诉他是商纣的别都朝歌。商纣是历史上有名的暴君。王肃说这里应当有许多商纣的后裔,成淹说他们已经在永嘉之乱时南渡了。王肃知道成淹是青州(今山东益都)人,调侃道:"青州也未必没有他们的余孽。"成淹也知王肃是琅邪人,属于徐州,便针锋相对说:"青州倒未必有,徐州却未必无,今天不是来了一位吗?"就这样说说笑笑,互相嘲调,很快来到邺城,元宏已经从首都平城(今山西大同市)来到这里等待。成淹先禀告他王肃来奔是真,他这才接见。那已是初冬十月了。

王肃聪明健谈,又因为生在世代簪缨之家,学养深厚,知识广博,熟悉晋室南迁以来江左的典章制度,对萧齐的政治弊端和军事部署尤为了如指掌,故侃侃而谈,首先哭诉了自己的遭际,得到元宏的同情,继而陈述了伐齐之策,又发表了对北魏改革的一些意见。这都是元宏所感兴趣的,完全打消了对王肃的戒备之心,坐得越来越近,犹如促膝谈心,一直谈到傍晚。两人都觉得相见恨晚。元宏欣幸得到一位人才,王肃欣幸得到一位知音。不久,他被任命为辅国将军、大将军长史,封伯爵,从此开始了他的北国生涯。

复仇者

意想不到的君臣遇合并不能消泯王肃的悲痛,为了表示对父亲的哀悼,他总是穿着丧服,四年后虽然脱掉,但仍然终身穿素,不听音乐。他恨透杀害他父亲的南齐朝廷,特别是恨透叛徒黄瑶起。他要寻找机会报复。他在北方一共生活了七年,亲率大军较大规模讨伐南齐共有三次,他的官职也在这个过程中逐渐上升。

第一次是在太和十八年底到十九年初(494—495年)。那时南齐小朝廷为争夺皇位互相厮杀,萧鸾刚刚上台,王肃建议元宏趁机南侵。于是元宏便派出数路军队大举南攻,自己也亲自率军殿后督战。其中的一路由王肃等人率领,号称二十万,进攻义阳(今河南信阳)。南齐司州刺史萧诞拒守。王肃屡胜,招降了一万多人。元宏派人到前线劳军,升任王肃为豫州刺史,进号平南将军,并赐给骏马一匹。

第二次是太和二十二年(498年)。先是这年正月,魏军擒获了黄瑶起,元宏得知王肃与他有杀父之仇后,便立即派人押送给王肃,让他按照自己的意愿随意处置。王肃看到这个不共戴天的仇家真是分外眼红,更加引发出五年来积蓄于心的切齿愤怒,亲自一刀刀把他剐了,然后剁成肉泥蒸食。三月,元宏升任王肃为镇南将军,再次进攻义阳。南齐派遣裴叔业率领五万兵马前来救援。裴叔业采取"围魏救赵"之策,并不直接援救义阳,而是进攻北魏的军政要地涡阳(今安徽蒙城)。王肃不得不抽出部分兵力回救涡阳,结果失利,降为平南将军。他又将围攻义阳的军队全部撤回,集中兵力攻打裴叔业的援军,大获全胜,杀伤无数,算是将功抵过了。

第二年二月元宏病重,下诏任命王肃为尚书令。四月,元宏病逝,遗诏王肃与咸阳王元禧同为宰辅,辅佐魏宣武帝元恪。

王肃第三次较大规模与齐交战是在魏景明元年(500年)。这年二月,他与彭城王元勰等人率兵攻占合肥,生擒南齐守将交州刺史李叔献。五月,王肃进为公爵,升任扬州刺史、都督淮南诸军事,镇守寿阳(今安徽寿县)。当他离京上任的那一天,元恪命皇室诸王和朝廷百官在洛阳城外为他饯行。入北不到七年,他的声望与荣耀已经达到顶峰,不过生命也快到了极限。

汉化的辅臣

以上所说只是他的"武略",是他个人的复仇与战功,这些在今天来看当然没有什么价值。如果他入北以后的事迹仅限于此,那就不但不值得大书特书,而且不会受到元宏如此垂青,他也不会飞黄腾达得那么快。他更重要的事迹是在"文韬"方面,这才是正面、积极、有意义的建树。

王肃不幸中的大幸是他入北之时,恰值元宏锐意实行改革而又遇到阻力之际。改革的主要内容就是实行汉化的政治、经济和风俗文化。这无疑是一个进步的举措。但这既是两种传统的冲突,也就必然遇到现实中守旧人物的反对。既要实行汉化政策,便需要任用和借重汉人,于是王肃的到来便适得其时。王肃自幼涉猎经史,自称"吾少来留意三礼"、"《礼》《易》为长"[①]。他在南齐曾任掌管典籍的秘书丞,并有世代豪门的文化积淀与生活中的耳濡目染,正好得到发挥的天地。他初来时,北魏的都城设在很北的平城,朝廷正为是否迁都洛阳争论不已,元宏也举棋不定。就在王肃到来的第二年即太和十八年(494年),元宏终于力排众

---

① 见《魏书》卷六十三《王肃传》、《北史》卷四十二《刘芳传》。

议迁都洛阳。洛阳是汉人的古都,是当时华夏文明的象征与衣冠文物之所在,又比较接近中国的中心,便于统一全国,建都在这里显然是比较合适的。这当然不能把功劳算在王肃头上,主要是元宏的决心,况且他任用的汉人也不只王肃一个,但王肃的赞助是不难想见的。

迁都以后,元宏便大刀阔斧推行汉化政策。首先是下令三十岁以下的人一律讲汉语。太和二十年(496年)又下令改变鲜卑人的复姓,"拓跋"一律改为"元",他本人首先带头。另外还禁穿胡服,改定各种礼仪律令。王肃在这些举措中的贡献已不得而知,但既然元宏经常与他单独密谈到半夜,既然他提升得比其他资格老的汉人官员都快都高,那么说他发挥了不小的作用,也是不难想见的。

他在改定官制方面的贡献史书则有明文记载。太和二十三年(499年)初,元宏去世之前,他模仿西晋南朝的官制、军号,加以改革发展,共分九品,每品各有正、从二品。据《资治通鉴》胡三省注释说,这种官制"历隋、唐至今犹然"。它至少一直沿用到胡三省所生活的宋代。

这里应当指出的是:王肃来到北方,已经完全失去了门阀的依据和九品中正制的保障。北朝虽然也是门阀社会,但那里自有他们自己的门阀世族,并不承认什么琅邪王氏,王肃成为孤立无援的"外来户",完全要依靠个人的奋斗。他的成功除了适逢元宏其人和推行汉化政策其时这两个客观条件外,他主观的才能与学养是首要因素。王肃虽不能说有极高的文才武略,但至少是有一定的文才武略的。他的成功说明王氏子弟并不都是依恃家中枯骨的酒囊饭袋,也说明王氏家族为了延续门阀、光耀门楣,并没有放弃对子弟的严格教育,因而才能够族祚长远,并且离开原来的土壤也能够生根、开花、结果。

《悲平城》

王肃的一切也并不完全都是光明的,他的心中有阴影,有苦衷,有悲凉。他家破人亡,妻离子散,客居异域,远离亲友,举目是大漠荒烟。除这些凄异的况味外,他还有别的苦衷。凡是有权利的地方就有争夺和尔虞我诈,北朝也自不例外。他以一个"外来户"受到元宏的特别垂青,破格提升,不能不引起同僚们的嫉视,首先是那些自命不凡的皇亲国戚,对他散布流言,造谣中伤。比如任城王元澄便十分不平,经常形于辞色,他也只得退避三舍,因为他深知"在人矮檐下,哪能不低头"的道理。后来元澄又弹劾他图谋叛逃,幸而经过调查,没有实据。那些北方的世家子弟对他也很不服气,比如有个名叫裴植的官员便常常发牢骚,说自己的才能和门第都不在王肃之下,朝廷用人实在不公。对这一切王肃也只能隐忍,他毕竟势孤力单。

元宏在很长时间对他也并不完全放心。他出任豫州刺史期间,咸阳王元禧提醒元宏说王肃未必可靠,元宏便派傅永做他的长史暗地监视。王肃意识到这一点,对傅永特别尊重,傅永为人正派,对王肃也尽心事奉。自此以后,元宏才逐渐消除对他的疑虑。

他终生都有一种隐隐的凄凉之感,这从一首诗中可以体味出来。他任尚书令已经是末年的事了。有一次在尚书省,他眼望窗外天空,情不自禁吟道:

悲平城,驱马入云中。阴山常晦雪,荒松无罢风。①

---

① 《魏书》卷八十二《祖莹传》。

当时彭城王元勰正好在座,觉得意境很好,请他再念一遍,却将"悲平城",误说为"悲彭城",受到王肃的调侃,元勰面有惭色。这时有位名叫祖莹的尚书省官员颇有文才,见元勰难堪,便为他开脱说本来就有一首《悲彭城》的诗,王肃不过少见多怪罢了。王肃请他背一遍,他出口成章,即席吟道:

悲彭城,楚歌四面起。尸积石梁亭,血流睢水里。①

这虽然是彼此都无恶意的戏谑嘲调,不过从王肃的诗中,我们还是可以体察出他那深隐的悲凉。这悲凉有大自然的投射,也有人事方面的感发。

一出家庭悲剧

当年在南齐时的那场惨祸,也给王肃造成了一出哀婉缠绵、永世长恨的家庭悲剧。

王肃在南方时已有妻室,娶的是陈郡谢氏的女儿,生下儿子王理和两个女儿。入北以后,王肃觉得回国无望,便另娶了北魏陈留长公主为妻。谁知谢氏十分坚贞,誓不再嫁,要将一子二女抚养成人。在王肃生命的最后一年,她拖儿带女来到王肃的驻地寿阳,见王肃已经另有妻室,悲痛欲绝,写了一首诗给他:

本为箔上桑,今作机上丝。得路逐胜去,颇忆缠绵时?②

---

① 同前页。
② 《洛阳伽蓝记》卷三《城南》。

"箔"是养蚕用的竹席。当年这上面轻轻蠕动的蚕儿已经不见了,只留下它们吐出来的丝。在江南民歌中,"丝"字常与"思"谐音双关,暗示"思绪""情思"等。现在你已经走上阳关大道,另攀高枝,可曾记得当年夫妻恩爱缠绵的时光?

这是给王肃出的一道难题,他应当作出回答,但又难以回答。当初的夫妻恩爱他何曾忘记? 但一切都迟了。他悲痛,惭愧,无地自容,无言以对。陈留长公主却是一位很聪明很决断的女子,见此情况,便以王肃的名义和了一首回赠谢氏:

针是贯线物,目中恒有丝。得帛缝新去,何能纳故物! ①

口气是很决绝的:针本来就是穿线之物,针眼中总有丝儿贯穿,现在既然穿上线缝着新衣,又怎能穿得上过去的丝线! 这两首诗均用比兴之法而不直接道破,含蓄婉转,显示出古代女子的高超才华和委婉感情。她们同为乱世的牺牲者。

谢氏读后,见王肃如此绝情,一气之下,便跑到洛阳遁入空门,削发为尼。王肃也无可奈何,只得在洛阳专为她建造了一座正觉寺,以赎自己的罪愆。

大概因为受了这次感情波澜的冲击,王肃不久死去,时为北魏景明二年(501 年),他三十八岁。葬礼以很高的规格举行,并追赠为侍中、司空,谥号"宣简",后来又为他树碑立传。就这样,他永远安睡在北方的土

---

① 同第 189 页注。

地上。

他的两个儿子王理、王绍后来都做了官,两个女儿分别成为魏宣武帝元恪、孝明帝元诩的妃子。在他生前,他弟弟王秉便携带着侄儿王诵、王翊、王衍逃到北魏,后来也渐次步入仕途。这样,王氏在北方又形成一个家族。

在王肃去世的翌年,南齐小朝廷也寿终正寝了。

第八章 豪门夕晖

史传称安平崔氏及汝南应氏并累叶有文才,所以范蔚宗云"崔氏雕龙",然不过父子两三世耳。非有七叶之中,名德重光,爵位相继,人人有集,如吾门者也。

——《南史》卷二十二《王昙首传》引王筠语

时　　间:梁(公元502—557年)。
主要人物:王亮,王志,王暕,王筠,王褒。

入梁以后，王氏家族虽依旧兴盛红火，簪缨满朝，光彩、荣耀、风流，却如同整个南朝已进入后期一样，也渐渐露出"下世的光景"来。王氏子弟已经失去昔日那种生气勃勃的进取精神，已经不再是最高权力斗争中举足轻重的人物。就他们在正史中排列的位置而言，王祥在《晋书》中列于列传的首卷，王弘在《宋书》中列于列传的首卷，王俭在《南齐书》中也是如此，到了《梁书》，王氏子弟的传记都被远远排在后面。这是王氏走向衰微的一个明显标志，此外还有其他征兆。总之，王氏家族现在的境况可以说是："夕阳无限好，只是近黄昏。"

惯性的力量

现在王氏子弟虽仍官高位显，却主要依借着惯性的力量，依借着祖上的余荫，依借着整个家族二三百年间所形成的巨大影响。他们只要顺应时势，"平流进取"，便不难"坐至公卿"，用不着主动竞进。

顺水推舟

这惯性的力量首先表现在齐梁之际的改朝换代上。这场戏的导演与主角是萧衍。至于他是如何在齐末的混乱中壮大起来，如何逐渐独揽朝政，如何封相国、为梁王、受"九锡"，如何迫使齐和帝"禅让"，几乎都是沿用了魏末、晋末、宋末的模式，如法炮制，如出一辙，勿须重复。

在这次例行公事般的禅让大典上跑龙套的仍然是王氏子弟，一个是王导的六世孙王志，一个是七世孙王亮。二人都是资深官员，早在宋末就娶了刘氏的公主，历仕宋、齐、梁三朝，对改朝换代的事情已经屡见不鲜了。我们可以回想一下,当齐高帝萧道成在宋末觊觎刘氏的宝座时,王俭表现得何等积极、热衷、主动!他一门心思地揣摩、迎合萧道成的心理,不避忌讳地说出萧道成不便明言的"异志",不惮辛劳地为之出谋划策、起草公文。而现在王志、王亮却全无这份劲头与进取心。

齐末,由于东昏侯昏庸残暴,杀人如麻,萧衍便在江陵拥立萧宝融为帝,即齐和帝,举兵进攻建康。当时王志为卫将军,王亮为尚书右仆射,均为朝廷高官,对这一切变乱却不管不问,听之任之,也不依从于任何一方。不久萧衍攻占台城(在今南京清凉山),兵临建康城下,他在朝内的党羽发动政变,砍掉东昏侯的头颅,以透明的黄绢包裹,将派人献给萧衍。王志见后,从树上捋下几片叶子覆盖上,说是"帽子虽破,岂可加在脚上"。他虽然说不上对东昏侯有什么感情,但居心厚道,不忍见此惨象。萧衍的部队继续向城内推进,胜利已是定局。朝廷百官争先恐后巴结奉迎,前往迎候,独有王亮不肯随和。萧衍自然看在眼里,心中有数,入城以后嘲调他说:"身为朝廷辅臣,颠而不扶,危而不持,何'辅'之有!"王亮自我解嘲道:"倘使还可扶持,萧公能有此日吗?"

萧衍虽明知二人持消极态度,但他们是名相之后,又有声望,因而在禅让大典时仍请二人传玺。他们虽然不热衷进取,但事已如此,觉得顺水推舟,既无风险,也花不了多少力气,何乐不为呢?于是这一"推",便将萧衍推为梁武帝,也将自己推上"新朝佐命"的地位。王志擢升为中书令,王亮擢升为尚书令。功名富贵,真是得来全不费功夫。同时得到升迁的,还有王亮的堂兄王莹、王骞、王暕兄弟,以及王峻、王泰、王份等人。王氏家族的荣耀仍不减前朝。

这些锦衣玉食、教养良好的世家子弟当然也不乏才学。梁朝开国不久,王亮、王莹兄弟便奉命制定了《梁律》。王份善辞令。萧衍即位后宴集群臣,席间问群臣:"我是'有'呢,还是'无'?"萧衍博览群书,极有文才,儒、释、道俱精,他所提出的是一个玄学问题。在老庄道家思想中,"有"指有形、有名、实有等,"无"指无形、无名、虚无等。老庄贵"无",认为"无"是天地万物的根本、本源,所谓"天地万物生于有,有生于无"①。魏晋玄学就推衍、讨论这些命题。玄学家王弼、王衍也是贵"无"派。王弼曾说孔子是"体无",老庄却是"体有"的,这当然是对孔子的曲解,不过是借他的神圣地位,宣扬与抬高老庄思想而已。从萧衍的发问可见,玄学在齐梁时仍相当流行,而他所提出是一个不易回答的两难问题。正当群臣面面相觑无言以对时,王份巧妙回答:"陛下应万物为有,体至理为无。"意谓萧衍顺应人心除旧布新,这是"有";萧衍又体现了那至高无上的玄妙的"道",这是"无"。这种回答不用说很得萧衍的欢心。当时在座的还有王暕以及谢氏子弟谢览,二人俱以文才著称,萧衍又请他们彼此作诗赠答。二人援笔立成,优美得体。萧衍请他们重作,结果也令他满意。他也诗兴大发,即席赋诗赐给二人:

> 双文既后进,二少实名家。
> 岂伊止栋梁,信乃俱国华。②

他称赏二人是才华超群的后生,不愧为名家子弟,岂止是当今朝廷的栋梁之材,更是国家的精英。

---

① 《老子》第四十章。
② 《梁书》卷十五《谢朏传》。

以上诸人,都是王导的后裔,是梁初王氏家族的头面人物。

华贵中的阴影

王亮、王莹是王导次子王恬的后代,这一支的仕途历来不甚显达,但这对堂兄弟却双双封为公爵,官为一品。

不过他们的仕途和日常生活也并非一片光华。

王亮在齐末曾谄事外戚与权臣,在东昏侯的暴虐与淫威下苟且求荣,再加上对萧衍的"除旧布新"之举持消极态度,因而入梁后与萧衍总是貌合神离。萧衍是在四月即位的。在除旧布新百废俱兴的忙碌中日子过得很快,转眼来到第二年的正月初一。在这吉日良辰,皇帝照例要朝会群臣,王亮却托病不往。后来萧衍得知他于此日在家宴请宾客,谈笑风生,没有一点生病的样子,不禁大怒,便指使人弹劾他大不敬,论罪当斩。为示宽容,将他废为庶人。

王亮闲居在家,心灰意冷,断绝了仕途之念,闭门谢客,奉养老母。就这样,他在寂寞的深深庭院中度过了六年光阴,直到天监八年(509年)才起用为秘书监,第二年去世,成为入梁的王氏子弟中最先去世的一个。

王莹比王亮年长,却晚死了六年。他的仕途虽一帆风顺,却有一件传播士林甚至民间的丑闻。他特别喜欢豪华住宅。早在齐末,尚书令徐孝嗣犯罪被杀,他当时正任中领军,权势渐大,便上疏请求将徐的宅第转为已有,将徐的封号移为己封。此事颇受士人讥笑。

天监十五年(516年),王莹升为左光禄大夫、开府仪同三司、丹阳尹,位至三公。此时他想到的头一桩大事仍是豪宅。从汉代以来,三公居住、办公之处都涂为黄色,以有别于天子所居的朱门,名曰"黄阁"。王室住宅的前面比较狭小,显不出三公的豪华气派,须向南扩建,这就势必侵占邻居朱侃的一半住宅。朱侃怕祖祖辈辈居住的房宅被毁,私下送给王莹百万银钱,这才掉转了一个方向,将黄宅向东开拓。此事传了出去,民间为他编了一个顺口溜:

欲向南,钱可贪;遂向东,为黄铜。①

王莹上任后的第二桩大事是铸造官印。古代达官印章的鼻部呈龟形,称为"龟纽""龟绶"。说来晦气,印工为他铸了六次,龟纽毁了六次,他的新官也恰巧只做了六天便一病不起。龟在古代被认为是长寿之物,常被用作长寿的象征。王莹这只龟印的不断毁坏,竟成为他生命的恶谶。或许这也是王氏家族走向衰微的征兆?

马粪巷长者

王志比王莹死得还要早几年。他是王僧虔的儿子,与哥哥王慈,弟弟王寂、王揖、王彬,侄儿王泰、王筠以及自己的六个儿子世世代代居住在建康禁中里马粪巷。他们有良好的教养,能诗善文,擅长书法,举止文雅,谦和厚道,淡于权势,仕途适可而止,人称"马粪巷长者"。

在梁代,王志是"马粪巷长者"中地位最高,也最以仁厚著称的。早在齐代,他便以为官清正闻名。有一年出任宣城太守,当地士民得知后

---

① 《南史》卷二十三《王诞传》。

都很高兴,奔走相告。当时郡中有两位农民为了争夺一份田地,官司已经打了好几年尚无结果。王志到任后,有位老者责备他们:"王府君有德政,你们俩为了一点田地争讼不休,不是给他脸上抹黑吗?"二人听了都觉惭愧,从此言归于好,所争夺的那块田地谁也不肯再要,竟成闲田。王志竟有如此强大的人格感召力! 后来他改任东阳太守。这年冬至节,他下令将狱中十几个重囚都放还回去,与家人团聚。节后除一人外,其余都如期返回。过了几天那位逾期未归的重囚也自行返回,原来他因妻子分娩才误了期限。此事也被传为美谈,全郡士民对王志愈加感戴。

入梁后他升为冠军将军、丹阳尹,是京畿一带的行政长官,为政宽和仁厚如故。京城中有位寡妇十分贤惠,因为家贫,婆婆死后借债殡葬,事后无钱还账。王志知道后,很称赏这位寡妇的孝行,用自己的俸钱代她偿债。这年遇到灾荒,百姓大饥,他下令每天早晨煮好粥放在街头。老百姓对他更是赞不绝口。

进入南朝以后,凡头脑清醒的王氏子弟都奉行止足之道,不在仕途上走得太远,攀得太高,适可而止,见好就收,王僧虔尤其如此,奉为自己持身的座右铭。王志继承父风,常常以此教诫子弟。他的小弟王寂比较热衷功名,喜欢交际,常常宾朋满座。王志很不高兴,告诫弟弟要安于寂寞。齐明帝萧鸾篡位时,王寂本想献上一篇《中兴赋》歌功颂德,作为进身之阶,王志申斥他说:"咱们这种人家的子弟,还怕无官可做?你如此躁进,难道不怕外界讥笑!"王寂这才将文章烧毁,从此也安分了许多。

梁天监三年(504年),王志升为中书令,觉得到此可以打住了,对儿子们说:"像谢庄那样的人才,在宋世也不过做到中书令而已。我有何德何能,怎可超过他!"从此借口生病,谢绝宾客,过着清淡的生活,唯求明哲保身而已。

王志的六个儿子虽都一一出仕,在士林也有名声,但都自甘淡泊,无意进取,在官场平平淡淡、安安宁宁过了一生。

甘棠伐处王氏移

在梁代,王氏家族最兴盛的恐怕要数王俭的子孙,他们可以说是那象征着权势富贵的无形"宝刀"的传承者。王俭有两个儿子:王骞、王暕,入梁后都任显要官职。但从王骞遭际的一件事情,又透露出王氏正在走向衰落的征兆。

王俭在宋末曾经充满自信和进取精神,从小以宰相自诩,后来也果真做到宰相。他不但自己要做宰相,还希望子孙们世世代代为相。在他二十三岁那年生下第一个儿子,他为之取名"骞",字玄成,据说寓有仍世为相之意。那是宋后废帝刘昱元徽四年(474年)。后来萧道成做了皇帝,"玄成"二字犯了萧道成的偏讳,他不得不为王骞改字"思寂"。不意这样一改,倒真的定了王骞终生的处世态度:自甘寂寞。他的儿子、侄儿都娶了梁朝的公主,几个女儿也都嫁给皇室子弟。特别是小女儿灵宾嫁给晋安王萧纲,后来成为皇后,不过他未活到这一天。在他生前,儿子、女儿们回家省亲,门口车马喧阗,荣耀非凡。他不愿看到这显赫炫耀的红火景象,觉得并非好事,便吩咐儿女们每年只回来一两次。他曾语重心长叮咛子侄,说是我们只是一般人家,只可随大流提升,不可锐意进取,要记取日中则移、月盈而亏的道理。他的此种心态,与乃父当年真是不可同日而语。

最明显地昭示着王氏走向衰落的,是一座别墅的命运。远在东晋初，晋元帝曾赐给王导一块田地，约八十余顷，位于钟山西侧风景优美之处，王导在那里建造了一座别墅。后来一代代传下来，传到王骞手中。梁武帝萧衍极其笃信佛教。天监十一年(512年)，他下令在钟山西侧修造一座大爱敬寺，位置恰在王导的田庄上，萧衍先是派人高价收买这块土地。王骞觉得这是祖上旧泽，象征着先祖王导的功勋与声望，不肯出卖，态度颇为强硬。萧衍很生气，便下令按市价硬买下来，并将王骞出为吴兴太守。

这可以说是一个信号，一个象征，它意味着那大名鼎鼎的王导头上的耀目光环已显暗淡，必须给西方的佛陀让位。早在东晋后期桓玄之乱时，谢氏也发生过一件类似的事情。桓玄攻入建康，意欲在谢安的旧宅中驻扎军队。谢安之孙谢混对桓玄哭诉说：周朝的名臣召伯死后，人们为纪念他的功德，连他曾经休憩过的一棵甘棠树都不忍砍伐。祖父谢安功业盖世，难道连一座住宅都保不住？桓玄这才改变了初衷。后世有位诗人从这件事上看出谢氏走向衰微的兆头，作了一首诗抒发感慨，其中说"甘棠伐处谢氏移"。尽管王氏的衰微远远比谢氏来得迟，但也终于到了这样的时候，所以我们不妨把这句诗改成：

甘棠伐处王氏移。

三代国师

不过王氏"移"得很缓慢，直到现在仍然光华四射，为其他名家世族所莫及，以上种种终究只是征兆而已。在梁代，王氏最被时人津津乐道的是所谓"三代国师"。

"国师"指国子祭酒,即朝廷所办的国子学的校长。国子学用儒家思想培养贵族子弟,以便他们将来能够担当治国重任。王俭在齐时是一代儒宗,曾任国子祭酒。梁武帝萧衍儒、释、道并重。作为个人兴趣,他笃信佛教,雅好玄学;作为治国的指导思想,他又提倡儒学,经常亲自到国子学讲课。他在位的四十多年与南齐前期一道,被称为整个魏晋南北朝"儒学大行"的时期,此时的国子祭酒,便是王俭的儿子王暕。

王暕的长子王承尤好儒学。当时一般贵族子弟大都喜欢吟风弄月的诗赋创作,对经学不感兴趣,王承却继承了家风,自幼沉浸于儒家经典之中,后来也曾任国子祭酒。这样,王俭、王暕、王承祖孙三代蝉联为"国师",这在此前的历史上是没有的,当时传为美谈,又为王氏家族平添了一笔特异的光彩。

魏晋六朝向称儒学的中衰时代,虽从刘宋时起儒学有所抬头,但国子学时兴时废,各朝各代的最高统治者对儒学的强调也轻重不一,儒学远远没有恢复到昔日的独尊地位。玄思释风渗透在士人的心灵深层。不过从发展的趋向来说,儒学终究呈现出逐渐复苏的苗头。王氏子弟在政治实践和思想意识方面能够与时推移,不断自我调节以适应时代精神,王俭祖孙的"三代国师"便是一个鲜明体现。在梁代,王氏子弟由国子生起家的为数不少。这是王氏家族能够历久不衰的原因之一。

在王暕的几个儿子中,真正有乃祖王俭之风,并以继承乃祖事业自命的,是小儿子王训。像王俭一样,王训也自幼风神不凡,举止有节,被人许为可以振兴王氏门户者。梁武帝萧衍接见过他,事后对人说:"可谓相门有相。"王训本人也怀抱宰相之志,曾模仿王俭当年那首"契稷翼虞夏,伊吕佐商周"的诗,写下如下的句子:

> 旦奭匡世功，萧曹佐旰俗。①

周公旦、召公奭曾经匡辅周成王治理天下，萧何、曹参则是西汉初期的宰相，这些杰出的历史人物和贤相，是少年王训心目中的偶像。

王训二十多岁成为侍中。萧衍曾当着他的面故意问大臣何敬容："褚渊在齐朝多大年龄当上宰相？"何敬容回答说三十出头。萧衍笑眯眯望着王训，意味深长地说："看来王训不会在褚渊之下。"显然他是想把王训培养成宰相的，而且是比褚渊更年轻的宰相。

但王训未能当成宰相，他二十六岁便去世了。

以翰墨为勋绩

其实王训即使长寿也未必能当成宰相，因为不管如何，王氏毕竟正走向衰微。在整个梁代，王氏子弟虽仍不乏虚华的浮名，却无人真能做出一番切实的事业，如同他们光荣的前辈王导、王弘、王俭那样。这个时期倒是出现了几个以文学著名的人物，虽然他们的文学成就也并不高。古人看重治国平天下的实际功业，文学向来被视为壮夫不为的雕虫小技，连最有才华的诗人曹子建都曾说过，大丈夫是不屑"以翰墨为勋绩"的。"翰墨"便指文学。从这个观点来说，梁时王氏子弟的"以翰墨为勋绩"并不是他们的光荣，而是他们家族走向衰微的表现。

---

① 《南史》卷二十二《王昙首传》。

谢灵运的传人

首先是王籍,他的传记就载于《梁书·文学传》中。

在以文学见称的那些王氏子弟中,王籍的年辈最长,他是王僧祐的儿子。王僧祐在南齐时自甘寂寞,不事权贵。王籍与他的处世态度虽有所相似,但又有很大变异。与其说他是王僧祐的传人,不如说他是谢灵运的传人。

王籍有早熟的文学天才,七岁时所写的诗文便很受文士所赏。十几岁时拜访文坛领袖沈约,即席作了一首《咏烛》诗,得到沈约的好评。他写诗喜欢学习谢灵运的风格,描绘美丽的自然山水,时称"谢灵运体"。最出名的是一首《入若耶溪诗》,其中两句尤为脍炙人口:

蝉噪林愈静,鸟鸣山更幽。①

描写的是山林的寂静幽邃,却用蝉儿的喧噪、鸟儿的鸣唱从反面衬托,放在谢灵运那些最成功的名章佳句中也不逊色,因而在当时被评为"文外独绝",后世也常被引用,作为以动写静的艺术技巧的范例。

说王籍是谢灵运的传人并不仅指诗风,更重要的是生活作风。谢灵运在宋时以诞傲闻名,以诞傲被杀。王籍在齐末和梁初曾做过几任小官,也因放诞而被罢免。后来在湘东王萧绎手下任职,随之来到会稽这个山明水秀的所在。他犹如当年谢灵运一样,恣情游放山水,不理政务,有时一出就是几个月。这样的人,在任何时候也不会得到重用。他随萧

---

① 《南史》卷二十一《王弘传》。

绎回京后仍做小官,更加郁郁不得志,经常在市井酒肆中混日子,与一些不三不四的人交往甚密,呼朋唤侣。他最后的官职是县令,这在王氏子弟中怕是最微末的了,自然更不能使他满意,便天天饮得酩酊大醉,有来告状诉讼的,他不分青红皂白,是非曲直,一律令人鞭打一顿,然后逐出衙门。

说王籍是谢灵运的传人,还有一个偶然的巧合:他与谢灵运的曾孙谢几卿气味相投。谢灵运的诞傲形成家风,他的孙子谢超宗在南齐时也因此被杀。谢超宗的儿子谢几卿并没有接受前辈血的教训,反而有过之而无不及。他因诞傲被免官后,居住在建康白杨石井,与同样失意不平的世家子弟王籍、庾仲容三人沉瀣一气,纵酒放达,有时乘车到郊外游玩,酒醉之后,高唱挽歌而归,毫不理会外界的讥议。只是因为梁武帝萧衍对士人比较宽容,他们才得以善终。

像王籍这种放达任诞的性格,颇像老庄气息较浓的谢家子弟,在王氏家族中是少见的。

王有养、炬

齐梁时期的文坛领袖和达官贵人沈约曾经说过:"王有养、炬,谢有览、举。""养"是王泰的小名,"炬"是王筠的小名,"览"、"举"指谢氏子弟谢览、谢举。王谢子弟可以齐名的很多,沈约这里的评论,是从文学上着眼的。

王泰、王筠是堂叔兄弟,都是王僧虔的孙子。王泰的父亲王慈、王筠的父亲王揖,官位都不很显达。前面说过,王僧虔一支世居建康马粪巷,家风淳厚,有"马粪巷长者"之称。王泰、王筠虽以文学著称,但也清慎严谨,没有文士的放达习气。王泰自幼乖巧,从不与小兄弟们争食,长大后也很温和、谦冲、深沉,连家人也不见其喜怒之色,对外人更是彬彬有礼。王筠也很宽厚谦和,虽然在当时文名很高,却从不以才华、门第傲视他人。他初登仕途为尚书殿中郎,这个官职不很清贵,王氏子弟自东晋以来,从来不居此位。王筠却很通达,知道王氏已经今非昔比,便坦然说:"陆机、王坦之那样优秀的人才都曾为此职,我能够追随他们,有何不平!"

　　王泰、王筠自幼好学。王泰小时曾经亲手抄书两千多卷。据王筠在一篇文章中自述,他从小也喜欢抄书,老而更勤,已经抄了四十六年。少时曾读《五经》七八十遍,《左氏春秋》更几乎可以背诵,这些书都摘要抄录了四五遍。另外《周礼》《仪礼》《国语》《尔雅》《山海经》等书也各抄过两遍,其他子史著作各抄了一遍。由此可见王氏子弟的深厚学养,他们能够世代不衰也确实事出有因,与那些坐吃山空的浮华子弟不可同日而语。

　　二人都长于文学,文思敏捷,援笔立就,这得力于胸有万卷书在。梁武帝每当宴集群臣,喜欢令人即席赋诗,并在蜡烛上刻下记号,限时完成。王泰为黄门侍郎,参与朝宴的机会较多,在这种场合他总是交头卷,文不加点,深得梁武帝的赏爱。他的文学才华后来没得以充分发挥,仕途倒很顺利,曾经两度出任吏部尚书,铨选官员比较公允,在士林中口碑甚佳。

王氏的文学传统

　　王筠则终生没有放弃文学,并以此沾沾自喜,以此勉励子弟。

他也禀有早熟的文学才华,七岁能写出不错的文章。十六岁时写的《芍药赋》文词华美,在当时广为流传。沈约十分赏识他的文才,曾对他说:"自从谢朓等人零落殆尽,我对于文学一事已心灰意冷,不料晚年又看到你这样的人才,令人鼓舞。"他在郊外修建了一座别墅,请王筠作了《草木十咏》,描写10种草木形象都很逼真,便一一写在照壁上,虽无标题,但人们一看便知各诗所咏为何种植物。沈约本人也写了一篇《郊居赋》请王筠过目。王筠精通音韵,对赋中每个字的平仄四声读得都很准确。沈约本就重视诗文的音调声律,是当时讲究格律的"新体诗"的主要创始人,由此更把王筠引为知音,曾经当着萧衍的面对王筠的伯父王志说:"贤侄的文才,在后生中独屈一指。谢朓当年曾对我说:'好诗圆美流转如弹丸。'读了贤侄的诗,方知此言不假。"这段话中所引谢朓之语,在文学理论史上是很有名的。

王筠后来在昭明太子萧统的东宫任职。萧统为人宽厚,笃爱文学,十分尊重文学之士,对王筠等人都很优礼。萧统英年早逝后,王筠曾为他写过《哀策文》,甚得萧衍好评。

写作伴随着王筠的终生,伴随着他仕途的升沉。晚年他整理自己一生各个时期的文稿,将每任官职上所写的诗文各编为一集,计有《洗马集》《中书集》《中庶集》《吏部集》《左佐集》《临海集》《太府集》各十卷,《尚书集》三十卷。这些文集的名称,也便是他宦途变迁的历程。编完之后,他给儿子们写了一封信专谈自己家族的文学传统:

> 史传称安平崔氏及汝南应氏并累叶有文才,所以范蔚宗称"崔氏雕龙",然不过父子两三世耳。非有七叶之中,名德重光,爵位相

继,人人有集如吾门者也。①

"范蔚宗"即作《后汉书》的范晔,他曾称赞崔氏、应氏的文学传统,但在王筠看来是不足道的,比王氏的文学传统相形见绌。任昉在王俭文集的序言中曾称王氏"六世名德",王筠则称"七叶重光",都是从王导算起。据《隋书·经籍志》著录,他们也确实代代有集,"人人有集"。

王氏子弟有优裕的物质条件和良好的文化教养,他们在从政之余雅好吟诗作文,成为自己生活的补充和名士风流的体现,从而形成了一个文学传统。不过在这方面他们不如陈郡谢氏,王氏子弟真正的成就与光荣是书法传统,这将设专章叙述。

王筠的下场很惨,因为他末年遇上侯景之乱,全家被杀。

一 诗得侍中

在这些以文学见长的王氏子弟中,王规年龄最小,但他死得比王筠早,没有遇上侯景之乱。他是王骞之子,王暕之侄。从他的祖父王俭以来,家门中重视儒学,有"三世国师"之称。在这种家风熏染下,他从小读了许多儒家著作,十二岁通《五经》大义,深得叔父王暕器重,称之为"吾家千里驹"。

他也爱好文学,颇有文才。天监十二年(513年)他二十一岁时,朝廷改建太极殿竣工,他献上一篇《新殿赋》,词采工丽,为萧衍所赏。像他这种名门子弟本就拾官如拾草芥,有了一篇好文章为媒介和进见之礼,

---

① 《南史》卷二十二《王昙首传》。

仕途自然更顺利了。他先后在昭明太子萧统、晋安王萧纲、湘东王萧绎属下任职。这萧氏三兄弟都极好文学，也都极有文才，王规以自己的才华得到他们的赏爱，如萧纲曾在一封信中称赞他"文辩纵横，才学优赡"。

他最为时人艳羡的是以一首诗获取侍中之事。那是普通六年(525年)，朝廷大臣元景隆出任广州刺史，萧衍为之设宴饯行，席间令群臣赋诗，规定必须与眼前情景有关，必须写到五十韵，一百句。要求虽很苛刻，篇幅也长，王规却援笔而成，头一个交卷。萧衍大喜，当场拜为侍中。

后来王规曾出任吴郡太守，政声很好，却因得罪了权贵，被密奏为"不理郡事"，调回朝廷。当地士民一千多人联名上书挽留，萧衍不准。王规受到这次打击，无心仕途，托病辞官，居住在钟山上的一座寺庙内潜心著书立说，注释了《续汉书》二百卷，又整理自己平生文稿编为一集，共二十卷。

王规的儿子王褒也以文学著称，并且比上述诸人的成就更大，不过他是另一个时期的人了，他的命运与侯景之乱以后的梁王朝息息相关，并进入北方。

纷乱时世

梁武帝萧衍在位长达四十七年，占去了整个梁代的绝大部分，而把最后几年的纷乱时世留给他的儿子们。在他比较宽和的政策下，王氏子弟雍容华贵而又平平静静地生活着，既无大功，也无大失。而且上述诸人除王筠死在侯景之乱的第一年外，其他都死在乱前，这是他们的大幸。萧衍末年侯景之乱的烟尘一起，便顷刻改变了梁王朝的命运，也改变了王氏子弟的命运。

百世卿族，一朝而坠

从侯景之乱爆发到梁朝灭亡的十年，是一个极其纷乱的年代，内有侯景叛乱篡夺，外有东魏、西魏趁火打劫，皇家又同室操戈，互相火并，真是"几人称王，几人称帝"，头绪繁纷如麻，我们只能选择与王氏相关者扼要交代，以免过分枝蔓。

侯景是一个反复无常的武夫。他本是羯人，在东魏历任要职，将兵十万，后因受到朝廷的猜忌与抑制，便率兵投降西魏。西魏丞相宇文泰知他诡诈多变，虽接受他的投降，却采取"受降如临敌"的慎重态度，想趁机剥夺他的兵权，这不啻是要拔掉他的命根子，他便转而向梁朝请降。梁武帝萧衍当时年逾八十，在位日久，老耄糊涂，幻想趁机可以统一中国，便接受了他的请求。此时侯景在东、西魏夹击之下只剩下八千多人，萧衍却安排他为南豫州刺史，驻守寿阳。后来萧衍又不顾他的一再反对与东魏和谈，他怕自己成为牺牲品，便于太清四年（548年）八月在寿阳起兵，直抵长江北岸。

在王氏家族内部，此时人才的中心已经发生了很大改变，刘宋以来最兴旺的王昙首一支除王褒外，没有其他活跃人物，倒是另外几支沉寂多时的门户，却有些子弟出头露面。如王弘的儿子王锡几代仕宦都不太显达，这时出了王冲和儿子王玚；王僧朗一支自从王彧、王蕴、王奂被杀，王肃逃亡北魏以后，光景也比较暗淡，这时却出了王通、王劢、王质、王固兄弟，以及他们的堂叔兄弟王克。不过有一点却是不变的：上述诸人包括王褒仍都是王导的后代。另外即使这些较为出头露面的人物，在这以

第八章　豪门夕晖

后的一系列事变直至整个南朝结束,也没有一个是政治上举足轻重的人物,对历史的进程没起到多大影响。

侯景举兵叛乱之时,王通、王劢、王质、王固、王克都在朝廷做官。王质性格比较慷慨,懂得一点军事,曾率兵打过仗。此时萧衍命他带兵三千在长江南岸巡守,阻遏侯景的进攻。侯景在萧衍之侄萧正德的内部策应配合下很快渡过长江,王质不战而退入台城,侯景旋即包围了台城,王质又奉命屯守宣阳门外。台城被围困一百三十多天,粮草断绝,横尸满路。城破以后,王质潜逃到一座寺院内削发为僧,后又逃到江陵投奔荆州刺史、湘东王萧绎,任河东太守。此间陆续投奔萧绎的还有王通、王劢、王固、王玚。

侯景攻占建康以后,第一步是杀了早在此前被他立为皇帝的萧正德,第二步是软禁饿死了萧衍,第三步是立萧纲为梁简文帝作为傀儡,第四步是废杀萧纲另立萧栋为帝,第五步是逼迫萧栋禅位,自立为帝,国号"汉",时为公元551年11月。留在京城的王克被任为太师,当然这只是一个没有实权的尊位而已。

这样,长江上游的军事重镇荆州便成为可以对抗侯景、支撑萧梁王朝的唯一的军事力量。萧绎逐个剪除了可能与他争夺皇位的宗室之后,派遣王僧辩(寒人将领,非琅邪王氏)、陈霸先等人讨伐侯景。当时王冲正任南郡太守,自动提请把职权让给王僧辩,增强讨伐军的实力,又献出歌女十名为王僧辩军中歌舞助兴。王褒此时也正为地方官员,他本与萧绎有姻亲关系,二人又都酷爱文学,气味相投,被调到江陵委以要职。

王僧辩、陈霸先的军队节节胜利,于公元552年三月攻入建康,侯景败逃中被部下所杀。王僧辩入京,王克率前朝旧臣出城迎接,王僧辩挖苦他说："你事奉夷狄之君实在辛苦。"王克无言以对。王僧辩看到他那支支吾吾的样子，想到这班世族贵胄平昔养尊处优，锦衣玉食，风流自赏，目无寒人，到头来为保全爵禄、门户不惜屈从叛贼，不禁冷笑道："王氏百世卿族，一朝而坠！"

王氏家族确实到了黄昏时光，它的子弟们首先是在精神上开始走向崩溃，不复能保持昔日清高骄矜的家风。不过作为一个"百世卿族"，它还能够维持一段时间，正如迟暮时分天际上的晚霞，一时还不会完全消散。

《渡河北》

侯景之乱平定的当年十一月，萧绎在江陵即位，史称梁元帝，改元"承圣"。王褒被擢升为尚书左仆射，其他在江陵的王氏子弟也各有升迁。在平定侯景中立下大功的陈霸先为司空，镇守长江下游的重镇京口；王僧辩为太尉，镇守建康。不过当时江北沿岸各州郡大多被西魏占领，江南有些州郡实际上也控制在西魏手中，江陵小朝廷时刻受到威胁。

萧绎对定都问题心怀犹豫，迟迟难决。朝廷上有两种意见：以胡僧祐等人为代表的荆州系军官主张留在江陵，他们认为建康离敌军太近，侯景之乱中又遭受严重破坏，江陵则比较富庶；王褒和黄门侍郎周弘正等世族官员则主张迁回建康，理由是建康从东晋起就一直是都城，在那里符合人们的心理习惯，否则会给人以"列国诸王"之感。萧绎最后还是采纳了前一种意见，他也暂时不想回到残破的建康。

西魏一刻也没有放弃占领江南的野心。丞相宇文泰看到萧绎的态度逐渐强硬起来，甚至要索取江北失地，便于公元554年九月派遣柱国大将军、常山公于谨率兵五万进攻江陵,十一月中旬兵临城下,并切断江路,阻止东来的援军。萧绎命胡僧祐负责城东的防守,王褒负责城西的防守。王褒本是一介书生,哪里能够督兵打仗!胡僧祐则奋力战斗,不幸身中流矢而死,魏军于傍晚进入江陵,萧绎只得令人起草降书。有位名叫谢答仁的将军反对投降,认为城中兵力并未严重损伤,可趁夜色突围,另图反攻。萧绎犹豫不决,王褒却诬说谢答仁系侯景党羽,不可相信,不如投降,气得谢答仁吐血而去。正在此时,于谨派人向萧绎提出以太子为投降的抵押,萧绎只得派王褒陪太子前往。于谨知道王褒书法甚佳,拿出纸笔,让他书写协议,王褒在落款处写道:"柱国常山公家奴王褒",一个贵胄子弟与朝廷大臣,竟以胡人的"家奴"自居,真可谓"百世卿族,一朝而坠"!

萧绎投降后旋被杀害,王褒、王克等王公大臣及十万多士民百姓被作为战利品驱向北方。当时正是严冬,一路上冻死、饿死、自相践踏而死者不计其数。当走到黄河的时候,王褒写了一首题为《渡河北》的诗:

秋风吹木叶,还似洞庭波。常山临代郡,亭障绕黄河。
心悲异方乐,肠断陇头歌。薄暮临征马,夫道北山阿!①

看到那在寒风中瑟瑟作响的枯叶,不禁回忆起江南洞庭湖的潺潺水声。再看那黄河边上一座座岗哨壁垒,又不禁想起汉代的常山、代郡等北疆边塞,犹如铜墙铁壁,阻遏住胡马的进犯。抚今追昔,令人惭愧!听到那陌生的异方音乐和凄异的《陇头歌》,益增心中的悲伤。天色业已昏黄,

---

① 《先秦两汉魏晋南北朝诗》周诗卷一。

就连这识途老马也茫然若失,不知竟何所之!……

他在反思着梁朝和自己这一段荒唐而可悲的历史。

王褒的同僚与朋友、诗人庾信早在这年四月出使西魏,后来故国沦亡,便被留在那里,后来也写了一篇流传文学史册的《哀江南赋》,反省梁朝兴衰的过程和十多万士民被驱赶到北方的凄惨情景,最后沉痛呼喊:

魂兮归来,哀江南!

王褒诫子

现在应对王褒略作补述。王褒是王氏家族后期比较重要的人物,他表现出的懦弱甚至卑怯可以说是王氏家族走向没落的投影。他在梁末和入北以后政治地位都比较高,有很好的艺术素养和文学才华,继王肃之后又一次将王氏的影响扩展到北方。

王褒原是一位聪明早熟的少年,是王氏家族的希望所寄,时人曾期许他将为宰相之材。倘若不是遇到乱世,也许他真能光耀一下门楣。他的诗写得比当时其他王氏子弟都好,最著名的是一首乐府题诗《燕歌行》,通篇七言,格调婉转而凄艳。开头写道:

初春丽景莺欲娇,桃花流水没河桥。
蔷薇花开百重叶,杨柳拂地数千条。

描绘初春鸟啭花开的景象,构成一幅清新美丽的图画。以下十八句转而描写征夫思妇的离别相思之苦,有时从征夫方面着眼,写尽边塞苦寒之

状;有时又从思妇方面落笔,极力铺陈哀艳之情。结尾四句是:

> 桃花落地杏花舒,桐生井底寒叶疏。
> 试为来看上林雁,应有遥寄陇头书。①

春去秋来,花落叶疏,一对离人仍未能相聚。最后两句既可看作是丈夫对妻子的安慰,让她留意那北来的鸿雁,一定会有书信从边塞寄来;也可看作是妻子对丈夫音信的期望。全诗既有宫体诗的颓艳哀感,又有边塞诗的开阔意境与高亢格调,在当时影响很大,萧绎和文士们纷纷唱和。即使在整个南朝诗中,它也不失为优秀之作。

王褒还写过一本名叫《幼训》的诫子性的著作,现在只留下第一章。像王僧虔在宋末写的《诫子书》一样,王褒也谆谆告诫孩子们要认真读书,珍惜寸阴,但在阅读内容上却比《诫子书》更有代表性。它论说了儒、释、道三家的要义,最后写道:

> 吾始于幼学,及于知命,既崇周、孔之教,兼循老、释之谈。江左以来,斯业不坠。汝能修之,吾之志也。②

可见儒、释、道三教兼综是王氏家族的传统特点,也是整个东晋南朝的一般风气,儒学虽渐受重视,却始终未得独尊。

王褒入北后还有一些事迹,将在下章叙述。

---

① 《先秦两汉魏晋南北朝诗》周诗卷一。
② 《梁书》卷四十一《王规传》。

第九章 淮水绝，王氏灭

自君钟鼎族,江左三百年。宝刀仍世载,雕戈本旧传。绿绂纡槐绶,黄金饰侍蝉。地建忠臣国,家开孝子泉。……昔为人所羡,今为人所怜!
——庾信《伤司徒王褒诗》

时　　间:陈(公元557—589年)。
主要人物:王通,王玚,王褒,王猛,王胄。

那神秘的诗人和预言家郭璞曾经断言:"江左三百年,还与中国合。""江左",按"事后诸葛亮"的事后理解,当指偏安江南、定都建康的东晋、宋、齐、梁、陈五个王朝,"三百年"只是约数,准确点说应是二百七十余年;"中国"指中原。其实说来也并不神秘,郭璞依据的不过是"天下大势,分久必合"的规律。在本章的末尾,随着隋军的横渡长江天堑,随着六朝这个自成起讫的历史单元的结束,枝繁叶茂源远流长的王氏家族也消失了,又应了郭璞当年那个"淮水绝,王氏灭"的预言。

强弩之末

由于新朝的君主陈霸先出身寒微,信用寒人出身的武将和文吏;又由于他祖籍便是南方,与前面几个朝代的君主都不相同,江南士族的势力进一步增强,因而出身琅邪的王氏家族更加衰微了。不过它尽管已经成为强弩之末,只要淮水依然流淌,它也便仍然雍容华贵,冠冕不绝。

最后的龙套

梁末,江陵被西魏攻破以后,陈霸先、王僧辩将梁元帝萧绎的第九子、江州刺史萧方智从寻阳迎回建康,于公元555年二月立为梁王,是年十三岁,王冲为他的长史,总管王府事务;王通为吏部尚书,王玚为吏部郎。此前,北齐已经立了贞阳侯萧渊明为梁帝。萧渊明是梁武帝萧衍的侄子,萧方明的从叔,后被北齐俘获。现在,北齐企图以他为傀儡,从而控制梁朝,便派人与王僧辩接洽,提议将萧渊明送回建康正式即位。王僧辩也想控制朝廷,同意了北齐的要求,迎萧渊明回朝为帝。萧方智被立为太子,王玚转为太子中庶子。王僧辩屈从北齐的行为激起朝野的不满,陈霸先便利用这种情绪,于当年九月从京口举兵偷袭建康,除掉了足以与他抗衡的政敌王僧辩,废除萧方明,立萧方智为帝,史称梁敬帝。陈霸先入朝为太尉、尚书令,负责全国军事,实际上操纵了朝廷大权。王冲升为尚书左仆射、开府仪同三司,成为一品高官。王通升为尚书右仆射,仍兼吏部尚书。王劢为侍中,王玚为陈霸先的左长史。

王僧辩被杀后,其残部勾结北齐联合进攻建康,军次钟山。陈霸先率军奋战,大获全胜,又趁势反攻,将王僧辩的残余势力全部肃清,并把北齐的势力逐出长江以南。

这里有必要提到一位陌生的王氏子弟王清。以上诸人都是王导的裔孙,独有王清例外,是王导的堂叔兄弟王彬的后代。他的祖上王彪之、王讷之、王准之等世世代代熟谙朝章礼制,有"王氏青箱学"之称,后来却沉寂下来。王清当时正任太守。当陈霸先扫荡王僧辩的残余势力时,曾派遣侄儿陈蒨(后为陈文帝)袭击王僧辩的女婿杜龛。王清因与杜龛有旧,便应杜龛之请,与广州刺史欧阳颁同时率兵援救,大败陈蒨。但欧阳颁后来倒戈,袭杀了王清,投奔陈霸先。他的儿子王猛当时年仅五岁,幸免于难,后来成为"王氏灭"的标志之一,下文还将提及。

陈霸先挽救了风雨如晦的梁王朝,为的就是把梁王朝一手结束。像刘裕、萧道成、萧衍一样,他也做了相国,封王,受九锡,下一步棋已经不言而喻了。小皇帝萧方智也很知趣,于太平二年(557年)十月下诏禅位,其中写道:

今遣使持节兼太保、侍中、尚书左仆射、平乐亭侯王通,兼太尉

> 司徒左长史王玚奉皇帝玺绶。受终之礼，一依唐、虞故事。[1]

于是便依照据说是远古时代唐尧禅让虞舜的典范，把皇位与江山拱手让给陈霸先。王通、王玚像他们的祖上王谧、王俭、王亮、王志一样，又一次"将一家物与一家"。不过这是最后一次跑龙套了。这种和平的权力过渡方式，与魏晋南北朝时期特殊的政治条件有关，故频频运用。也正因为它是和平的篡夺方式，先朝旧臣便可以名正言顺摇身变为新朝佐命，世族门阀制度才能够延续得如此长久，与"禅位"的方式本身相始终。王氏家族是一个最典型的代表。后来唐、宋、元、明、清历朝权力的更迭，再未采用过这种形式。

末世贵胄

王氏子弟也和平进入南朝的最后一个小朝廷——陈。

作为陈霸先的奉玺人，王通当然要得到回报，封赏有加。陈文帝陈蒨即位后，他又成为太子太傅，于太建六年（574年）病故。

另一位传玺人王玚还比较年轻，资历不深，提升为五兵尚书。不过他的权位也不断上升，做到尚书左仆射，兼领吏部尚书。他承传了祖上王弘的作风，为人清慎，循规蹈矩，在家庭生活中也比较严谨，兄弟三十余人关系雍睦。其中第十三弟王瑜比较知名，曾出使北齐。

在入陈的王氏子弟中，王玚的父亲王冲年龄最大，资格最老。他生于齐末，十八岁踏上仕途，直到七十六岁去世，在官场混迹了将近六十

---

[1] 《陈书》卷一《高祖本纪》。

年。他为人平和谦谨,为政清明,善与人交,又通晓音乐,能歌善舞,在士林享有盛誉。陈霸先即位后,因为他是年高德劭的先朝旧臣,对他十分尊重。陈文帝上台后尤其如此,曾在宴席上赐他手杖,人以为荣。

王通的弟弟王劢风姿标致,性情恬淡,精通《周易》,入陈后初为衡州刺史,后调为京官。陈宣帝太建元年(569年)晋陵一带发生水灾,他被派为太守前往治理,颇有政绩,被当地人树碑立传。

王通的另一个弟弟王质经历比较曲折。前面已经说过,他天性慷慨,侯景之乱时曾率兵守卫京师。陈霸先即位的第二年他受命率军参与讨伐梁朝的旧将王琳,被诬陷与王琳内外勾结,差点儿送了命。他后来做到都官尚书之职。

王通的小弟王固笃信佛教,终生吃斋念佛。梁末曾出使西魏,据说魏人要杀羊款待他,他苦苦为羊求情,免其一死,那只羊竟当即向他跪拜谢恩。还有一次魏人在昆明池宴请他,他们知道南方人喜欢吃鱼,便在池中张网捕捉,他又默念咒语,使魏人一无所获。这些虽属牵强附会之谈,不过他确曾化险为夷,幸免于难。那是陈废帝在位期间,安成王陈顼辅政,王固为侍中。因为他的女儿是废帝的皇后,奶妈常常出入宫中,有一次泄露了朝廷机密,牵连到他,依照法律应当处死。陈顼念他手无兵权,素来谨慎,又是皇亲国戚,便从宽处理,免除官职,废为庶人。陈顼后来即位为宣帝,又起用过他。他的儿子王宽,后文还将提及。

在最后的疾风暴雨还未到来之前,王氏家族的末世子孙就这样生活着,有惊无险,不失为荣华富贵。可以想见,如果南朝这个特殊的历史阶段不结束,如果政治条件不发生巨大的改变,越来越趋向谨慎、止足的王氏子弟还将会这样生活下去,虽然不能像祖上那样建立奕世勋业。

悲凉的回音

现在让我们把目光转到北方,投到入北的王褒身上。

北国词臣

在初唐史家撰写的《周书》中,王褒与大诗人庾信的传记同为一卷,卷首有一篇长文论述北朝文学发展演变的情况。庾信是南北朝文学的最后一座重镇,后人称他的诗"为梁为冠冕,启唐之先鞭",是南北朝后期首屈一指的诗人,并开启了唐诗的先河。这并不是溢美之词。王褒的文学成就虽远远不及庾信,但当时也颇负盛名,唐人显然将他们二人看作是北朝文学的代表人物。

王褒、庾信确实都是沦落北国的词臣。

当江陵陷落,王褒、王克等人被掳掠到西魏的京城长安时,得到意想不到的礼遇,手握朝廷实权的丞相宇文泰欢迎他们说:"晋灭吴时,不过只得到陆机、陆云两位人才,而现在群贤毕至,真是盛况空前!"又对王褒、王克两人说:"我母家也姓王,我是王氏的外甥,你们二位便是我舅家人。既是亲戚,就如到了家一样,不必有去国离乡之感。"于是王褒、王克以及其他南来的亡国之臣都被封官。

王褒受到的待遇尤为优厚。

在陈霸先篡夺了梁的大权建立陈朝的同一年,宇文泰的儿子宇文觉也取代西魏建立周朝,史称北周,他自己成为周闵帝,追尊宇文泰为文帝。王褒被封为子爵。后来周明帝宇文毓、周武帝宇文邕都爱好文学,对王褒、庾信格外垂青。朝廷上每有宴会,都请他们即席赋诗。天和四年(569年)正月,宇文邕亲自撰写了一部《象经》,请王褒作注。王褒学识渊博,广征博引,很得宇文邕的欢心。"象"是古代一种棋类游戏,现已失传。宇文邕的《象经》一卷和王褒的《象经注》一卷,《隋书·经籍志》都有著录,与其他研究棋类的著作均列入兵书类中。在古人心目中,斗智赌胜的棋类活动与战场上的运筹划策是类似的事情。另外,由于王褒出生在南朝的世代宰辅之家,熟谙朝章国典和礼节仪式,因而比庾信更受器重,朝廷上的重要文件大都出自他的手笔,重要会议都请他参加。后来他升为司徒、太子少保等职,成为三公。

断肠两地书

但这样一来,王褒、庾信反被自己的才华所累。

北周与陈朝在同一年建立后,各自忙于稳定国内的政局,彼此握手言和,友好往来,剑拔弩张的紧张气氛暂时消弭。后来双方还达成协议,允许俘虏和难民根据自己的意愿回归祖国。陈朝曾开列一份名单,内有王褒、庾信、王克、殷不害等十几人,要求放还。周武帝宇文邕爱才心切,只放回王克、殷不害等人,舍不得放走王褒、庾信。

王褒眼见一个个熟人陆陆续续回到南方,自己却羁留北国,更引起对亲友的忆念。一次次的送别,一次次的离宴,带来一次次流泪,一次次断肠,又化作一首首凄绝诗篇。他在诗中吟道:"书生空托梦,久客每思乡。"[1]

---

[1] 《送刘中书葬诗》,《先秦两汉魏晋南北朝诗》北周诗卷一。

"连翩悯流客,凄怆惜离群。"①"行路皆兄弟,千里念相亲。"②他甚至羡慕那天际的鸿雁,它们春季来到塞北做客,当秋风乍起的时候,又高高兴兴鸣唱着飞回南方,而自己却永远不得归去,真是"岂若云中雁,秋时塞外归"③!庾信也写下许多思乡的诗篇,被后人称为"故国之思"。他们的这类作品情真意切,意境苍凉,一改当年无病呻吟、风花雪月和淫丽绮艳的宫体诗风,引起后世读者的共鸣。

宇文邕其实很理解王褒的心情,只是人才难得,实难割舍。保定二年(562年),陈朝使者周弘正回国,宇文邕知道王褒曾与他同僚,允许前往送别叙旧,传递书信。周弘正当年在江陵被围时逃回建康,后来入陈。王褒与他的弟弟周弘让交情尤深,便托他捎回一封长信和一首诗,写得都十分凄切。信中说:"白云在天,长别离矣;会见之期,邈无日矣!援笔揽纸,龙钟横集。"④诗中写道:

> 飞蓬去不已,客思渐无端。
> 壮志与时歇,生年随时阑。
> 百令悲促命,数刻念余欢!……⑤

周弘让读了十分感慨,也托人捎来一封复信,说:"子渊,子渊,长为别矣!

---

① 《别王都官诗》,同前页。
② 《送别裴仪同诗》,同前页。
③ 《咏燕诗》,同前页。
④ 《周书》卷四十一《王褒传》。
⑤ 《赠周处士诗》,《先秦两汉魏晋南北朝诗》北周诗卷一。

握管操觚,声泪俱咽!"①

这真是令人肺摧肠断的生死两地书!

后来王褒终于盼到一个机会,生出一线希望。那是十年以后的建德元年(572年),两国重新开战,陈军生擒了北周的统帅元定。事后,宇文邕派遣杜杲出使陈国,陈宣帝提议以元定等人换回王褒、庾信。杜杲深知在宇文邕的天平上,十个元定也不抵王、庾二人的分量,便当场拒绝了。

王褒最后的一丝希望又破灭了。那时他已年逾花甲,对于回国再也不抱幻想。

"宝刀"叹

四年以后,王褒在悒郁中死去,宇文邕为他举行了隆重的葬礼,将他埋葬在北方的土地上。庾信的年纪与他不相上下,也已成为龙钟老翁。看到这位同病相怜者的长逝,不禁油然生出一种兔死狐悲之感,便写了一首《伤司徒王褒诗》抒发哀思,其中写道:

> 自君钟鼎族,江左三百年。
> 宝刀仍世载,雕戈本旧传。
> 绿绂纡槐绶,黄金饰侍蝉。
> 地建忠臣国,家开孝子泉。
> ……昔为人所美,今为人所怜!……②

---

① 同前页注④。
② 《赠周处士诗》,《先秦两汉魏晋南北朝诗》北周诗卷三。

他回顾了王褒那光荣、悠久的家史,真是钟鸣鼎食,世代簪缨,即使从东晋初王导算起,也已经将近三百年了。其实还可以追溯得更远,至少追溯到魏晋之际的王祥,象征着荣华富贵的"宝刀"就是由他获取并传递下来的。从那以后,世代公卿,风流不绝。绿绶槐绶,这些古代丞相、三公的标志;黄金蝉冠,这些古代达官贵人的徽记,芸芸众生、济济才士有几个人能得到呢?而在王氏家史上绝非什么稀罕之物。他们的祖籍琅邪,同样也是三国时赫赫有名的忠相诸葛亮的故乡,故称"忠臣国";王祥在孝友河上卧冰求鲤的往事已经妇孺皆知,传为千古佳话,故称"孝子泉"……但这曾经令人艳羡不已的一切已经成为过去,而今王褒客死异乡,风晨月夜,旷野孤坟,又是多么令人可悯!……

这里特别值得注意的是"宝刀"和"孝子泉"的形象,它们作为王氏家族精神文化传统的象征不断被人忆起,更成为王氏子弟心灵中的骄傲与进取的力量。现在这"宝刀"的光芒已经暗淡,接续了"孝子泉"的"淮水"也即将断绝……

不过王褒的儿孙们却在北方长大了,由长子王鼒承袭了他的爵号。他们逐渐适应了这里的一切,慢慢形成了一个新的家族,但这个家族已不再称为"琅邪王氏",而是"咸阳王氏"。"琅邪"已经成为越来越远的记忆,成为白发祖母灯前床头口耳相传的故事。

无可奈何花落去

现在让我们再转回陈朝,伴随着王氏家族乃至整个六朝走完最后的历程。

第九章 淮水绝，王氏灭

玉树歌残王气终

就在王褒去世那一年，陈朝宫廷发生过一件小小的争议。这年六月，太子陈叔宝想以户部尚书江总为太子詹事，事奉左右，便派人告知了负责官员调度的吏部尚书孔奂。江总是当时有名的诗人，善写淫艳绮靡的宫体诗；陈叔宝风流多情，故做出这样的选择。但孔奂为人方正严谨，他不同意这种安排，对陈宣帝说江总是文学之士，而太子正是文才有余，老成不足，应当选一位敦厚持重的人辅导熏染。宣帝同意，询问谁是最合适的人选，他推荐了王泰的儿子、当朝都官尚书王廓，说他家族世代高官，根底深厚，本人也厚重明敏，最宜此职。但陈叔宝坚持己见，最后还是选用了江总。

就在当月，早就从北周回来的王克升任尚书右仆射，不久病死。至此，由梁入陈的王氏子弟均已凋零。在朝廷和地方任职的除王廓外，只有王胄、王宽、王实数人，官职也不显达，在以后的政治事变中无足轻重。值得注意的是王猛，他的父亲王清被广州刺史欧阳颇杀害时他年方五岁，现在也不过二十五六岁，却已成为太守，为政恩威并举，境内秩序井然，人们称他为"王府君"，编出歌谣赞颂他。后来他调任京官，很得陈宣帝的看重。

陈叔宝便是那位历史上著名的风流天子和亡国之君陈后主，他于太建十四年（582年）登极。在这前一年，北周也发生了具有决定性意义的巨大的历史事变：外戚杨坚篡夺了皇位，改国号为隋，成为隋文帝。杨坚是汉人，有雄才大略，他的目标并不仅是取代北周而已，而是整个中国。但眼下还忙于安肃国内，一时不暇南顾，这就给了陈叔宝七八年醉生梦死的岁月。

陈叔宝上台时,陈的国力已十分脆弱,疆域缩小,户口锐减,农民破产,国库空虚,但这一切他都不放在心上。他算不上暴君,主要特点是风流,好色,荒淫,似乎下定决心了要"潇洒过一回,潇洒死一回"不可。他修建了"临春""结绮""望仙"三阁,自己住临春阁,最宠爱的妃子张丽华住结绮阁,其他贵妃、美人住望仙阁,其间都有通道互相勾连。江总辅政,他本身也是风流才子,与官员孔范、王瑒以及十多文士,再加上那些美丽妖冶的嫔妃、能诗善文的女学士,昼夜奉陪陈后主饮酒赋诗,听歌观舞,号称"狎客"。诗也都华艳淫佚,什么《春江花月夜》《玉树后庭花》《临春乐》等,谱上曲子,令千余宫女伴舞演唱,后人称为淫艳哀思的亡国之音。真所谓"商女不知亡国恨,隔江犹唱后庭花"!

公元588年,隋文帝杨坚见时机已到,任命次子杨广为行军元帅,率贺若弼、韩擒虎等九十个行军总管,共有大军五十一万八千人,分八路进兵伐陈,其势如疾风暴雨,摧枯拉朽,第二年正月便渡过长江天堑,在陈朝叛将的引领下进入建康。这时朝内的文武百官已作鸟兽散,陪伴陈后主的只有江总、王宽等五六人而已。隋军入宫,陈后主带着美丽绝伦的爱妃张丽华躲到一口枯井内,在隋军的恫吓下才爬出来,成为俘虏。

就从这一刻起,陈朝结束了,南朝结束了,号称龙盘虎踞的六朝帝都"金陵王气黯然收""玉树歌残王气终"了!

据说当几十万隋军蜂拥而上、舰船渡江时,秦淮河曾一度窒塞不通,应了郭璞那"淮水绝"的预言。也就从这一刻起,琅邪王氏作为一个门阀世族也"灭"了。初唐史家于此感慨说:

> 及于陈亡之年,淮流实竭,(王氏)曩时人物扫地尽矣。斯乃兴

亡之兆已有前定。①

王宽便是这"兴亡之兆"的目击人和亲验者。

消失的"宝刀"

但我们的叙述还不能到此为止。历史仿佛是一位汤水不漏的智慧老人,他一手编织的故事结构谨严,前后呼应,一丝不苟。凡是前面埋下的伏笔,后头总要有个交代;凡是在它那里出现的东西,也总要在他那里消失,所谓"兴亡之兆已有前定"。它通过郭璞之口说出的"淮水绝,王氏灭"的预言,已经在王宽那里得到交代;而当年吕虔赠送的那把不同寻常的"宝刀",也应当有个下文。为此做出交代的,应是王猛。

我们以及古人当然是在比喻的意义上谈论这把"宝刀"的。它起初虽是物质的实物,后来却成为王氏权势富贵的无形的象征。不过到了王猛,它却似乎又变为真实、有形的东西——王猛是挥舞真刀实枪以军功发迹的武人!他是一位有点特殊的人物,在许多方面都不同于王氏门风。从东晋以来,王氏家族那些地位显赫的人物几乎全是王导的后裔,突然崛起的王猛却属于别支;在他所属的那一支中,祖祖辈辈的名字中都有一个"之"字,如王彪之、王临之等,他与父亲王清却一改故常,特别是他的名字竟是一个"猛"字,很不合于王氏子弟的清贵风流气质;尤其重要的是,从王祥以降的王氏子弟差不多都是以"文韬"起家,在政治斗争中飞黄腾达,到后来更依藉祖上功德"平流进取,坐致公卿",而王猛却

---

① 《南史》卷二十四《王裕之传论》。

是凭藉"武略"与军功。

王猛从小就与一般王氏子弟不同,他喜读孙、吴兵法,慷慨慕功名,二十岁时上书陈述安边拓境之策,二十一岁以军功封爵。后来广州刺史马靖图谋不轨,他率军讨平,生擒而归。隋军大举南攻时他不过三十七岁,已成为镇南大将军、都督二十四州诸军事,举兵救援京师。听说建康陷落,陈后主被俘,他慷慨流涕,素服举哀,勒兵布防,以抗拒隋军。后来听说陈后主在隋受到优遇,并未被杀害,便派部将到隋朝京师大兴(在今陕西西安市)联系投诚。隋文帝见他为人忠勇,又可不费一枪一箭得到他所管辖的地区和统帅的军队,非常高兴,令他仍镇守广州。他曾因平定叛乱受到赏赐嘉奖。

王猛一生戎马,军功赫赫,有一股英气勃勃的气派,王氏家族似乎有中兴的势头。但是,门阀制度的最佳机运已经永远过去了。秦淮之水的阻遏当然不过是暂时的,它至今依然流淌,王氏作为一个世族却再也无法复兴。人类社会与大自然毕竟不同,后者只不过是前者的比拟罢了。王猛也只不过是"宝刀"的最后传人,借着他的手闪烁一下最后的光芒,从此便永远消失了。

凄厉的尾声

我们的叙述到这里仍然不能打住,还要有一个尾声,这个尾声却是凄厉的,似乎是为了向一去不返的辉煌的过去告别。唱出这凄凉的尾声的,是王胄。

在这里,睿智的历史老人又做了一个奇妙绝伦的安排:王胄是王祥的儿子!但这个王祥不是开头的大孝子王祥,而是他的末代子孙。王氏子孙绳绳,似乎也不很避讳祖上的名讳,同名的人不少。神秘点说,后一个王祥仿佛是前一个王祥的呼应。前一个王祥开了一个头,由他的子孙们创立了这份家当;后一个王祥则由其儿子为这份家当划上一个句号,唱出一首悲哀的挽歌。从"孝悌人家"的王祥、王览算起,到王胄、王猛、王褒、王宽这些末世子孙,共绵延了十一代,即使按西晋建立到陈朝灭亡计算,也有三百一十五年,加上前伸后延当然不只此数。王氏家族走过了多么漫长而烜赫的历程!

王胄已经入隋,传记载于《隋书·文学传》中,这大概得了祖父王胄的遗传基因,也使他有谱写尾声的条件。他在陈代已经出仕,曾任太子舍人。陈灭后,因富有文才,被爱好文学的晋王杨广引为学士。杨广即位为隋炀帝,他又升为著作佐郎,颇为杨广所器重。他也常常写诗为隋王朝和杨广本人歌功颂德,如说什么"大君苞二代,皇居盛两都""皇情感时物,睿思属枌榆",等等,不一而足。他的诗被杨广评为"气高致远",被年轻士子奉为楷模。后来他又曾随御驾征讨辽东,晋升为朝散大夫。

但这些平平的官职并不能使他满意。他本是一个自视甚高的人,好以才能骄人。他虽然极力适应新的王朝,但在心灵深处,头号世族子弟的优越感根深蒂固。他常常想到祖上光荣的历史,显赫的权势,即使那些最低能的先辈,职位也在自己之上,而且都是"平流进取",唾手而得的。而自己千方百计讨好奉迎,像马前卒般驱驰奔走,到头来却不过如此,因而心理不能平衡,郁郁不乐,常常形于言词。有人密告给杨广,杨广爱重他的才华,未予计较。

杨广是历史上有名的荒淫无道好大喜功的暴君,兵役、徭役、连年不断的对外用兵,弄得民不聊生,怨声载道,各地的农民暴动此起彼伏,连朝廷高官也对他不满。大业九年(613年)六月,礼兵尚书杨玄感举兵进攻东都洛阳,不少官员和农民都起而响应。王胄与杨玄感本有旧交,也暗暗附和,为之出谋划策。八月,杨玄感兵败被杀,王胄也受到牵连,被流放岭南,在那里因不服水土生了病。当地有位和尚颙法师为他讲解《净名经》,让他以此调理身心。《净名经》即《维摩诘经》,讲的是大乘居士维摩诘生病之时,与前来探望的文殊师利等人共论佛法,认为只要加强主观修养,"远离五欲淤泥",清净无垢,便可达到解脱。显然,颙法师是在暗示王胄看破红尘,绝意功名。王胄本就颖悟,自然心领神会,病愈后写了一首诗谈自己的体会:

客行万余里,渺然沧海上。五岭常炎郁,百越多山瘴。
兼以劳形神,遂此婴疲恙……是生非至理,是我皆虚妄。
求之不可得,谁受其业障? 信矣大医王,兹力难承量![①]

前六句叙述自己流落岭南患病的过程。下面四句说他已经觉悟到四大皆空,一切都是梦幻,包括人生,包括自我。最后二句是对能够医人心病的《净名经》和颙法师的颂扬之词。

但一部书、一席话、一首诗并不能使他真正觉悟,真正消泯七情六欲、家室儿女、功名富贵的"业障"。病体稍一恢复,他便潜逃回京,寻找东山再起的机会,却被官府逮捕杀害,只留下这首凄厉的尾声,为自己,也为王氏家族。

---

① 《卧疾闽越述净名意》,《广弘明集》卷三十。

第九章　淮水绝，王氏灭

王胄可以说是琅邪王氏这个特定家族有史可查的最后一人。这个家族与六朝相始终，在三百多年剧烈频繁的争权夺利、改朝换代的政治激流中沉浮，始终是稳操胜券的弄潮儿。它的历史实际上就是六朝的历史，我们可以通过这个典型认识这段历史，还可以认识一种家族传统是怎样延续的，认识权力是怎样腐蚀着人的灵魂，使人学得乖巧、虚伪、机诈、冷酷。但也可以发现在这之外仍有人性的闪光，仍有文学、艺术、学术与真诚的笑声，超脱的生活。

至此，这部家传可以结束了。

余波

"百足之虫，死而不僵"。作为一个门阀世族，琅邪王氏在历史上是永远消失了，但它的绳绳子孙却不会随着家族的消亡而消亡，新朝也并不把他们当作斩草除根的对象。他们依然在新的天空下和土壤上生活，蕃衍，奋斗，不过不再是作为"冠族华胄"，而是作为"寻常百姓"。新朝甚至并不堵塞他们的仕进之路，他们有的仍然为官为宦。在唐代，甚至还有四位王氏子弟官至宰相，其中三位是王褒的后代。

前面说过，王褒在梁时被俘到西魏，后来进入北周，做到高官，在北方扎下根来，他的子孙由北周入隋，又由隋入唐，到曾孙辈出了一位王綝，博学多识，尤精"三礼"。那正是武则天的时代。他先是出任广州都督，为政清廉，执法严明，境内肃然，在历届广州军政长官中治绩最佳，受到武后的表彰，升任宰相，封为公爵。他的政治建树主要是在礼制方面，曾多次以"礼"的原则向武后进言，均被采纳。他的言论和著述后来被门人编为《杂礼答问》。

王綝的六世孙王舆在唐肃宗李亨时也曾出将入相,不过他飞黄腾达是很不光彩的。李亨笃信道教,喜欢祭神祀鬼。王舆一无才能,二无名望,只是依靠谄事讨好李亨,弄神弄鬼,被提为宰相,后来又出任节度使,成为镇守一方的戎帅。

王舆的曾孙王抟在唐昭宗李晔时曾两度担任宰相之职。那时大唐帝国已经到了末年,宦官弄权,李晔为了抑制他们的势焰,便委政于王抟,引起他们的嫉恨,勾结藩镇向朝廷施加压力,终于把王抟挤出朝廷,贬为刺史,后被赐死。几年以后唐帝国也灭亡了。

王褒的三位后裔在唐代担任宰相的时间,分别为初唐、中唐和晚唐,可以说贯穿了整个唐代,他们自然又形成了一个不小的家族,不过这个家族不是"琅邪王氏",而是"咸阳王氏",那是王褒入北后定居的地方。这一点应当特别注意。

据《新唐书·宰相世系表》记载,王猛的曾孙王璿在武则天时也曾为宰相,但正文中没有他的传记,我们也找不到他的事迹,想来是一个十分平庸的宰相。至于他的郡望,也已经无法知道。不过有一点是毋庸置疑的:他不会被称为"琅邪王氏",因为琅邪对他来说已经是遥远年代的事情。特定意义上的"琅邪王氏"已不复存在。

王褒、王猛的后人在唐代能够登上相位是有特定原因的,前者进入北方为官落籍,而隋唐正是建立在北朝的根基上;后者则在隋代立有赫赫战功。他们可以说是琅邪王氏的余波。至于其他各支的后世子孙,在唐代的史书上已经泯没无闻。门阀制度在隋唐虽然延续了很长时间,但那大抵是北方原有的世家大族,南朝的世族随着南朝的灭亡而一蹶不振。后来再经过黄巢起义的沉重打击,整个门阀制度也在历史上消亡了。

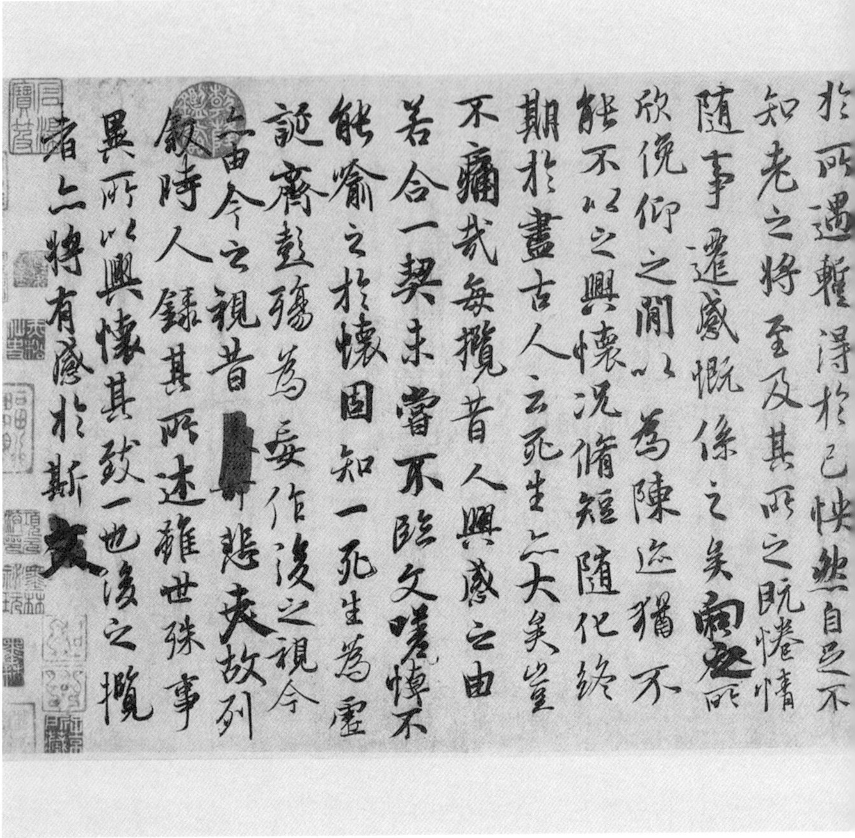

第十章　千秋王氏堂前燕——书法

朱雀桥边野草花,乌衣巷口夕阳斜。

旧时王谢堂前燕,飞入寻常百姓家。

——刘禹锡《乌衣巷》

时　　间:晋—唐太宗时(约265—649年)。

主要人物:王导,王羲之,王献之,王僧虔,王褒,释智永。

"唐诗晋字汉文章"。在中国古代各个朝代不同的政治经济和精神文化的土壤上,各各滋生出独具特色的艺术花朵,"字"即书法便是有晋一代的宁馨儿,而晋字又以琅邪王氏最为杰出,特别是王羲之,更是百代不废的书圣与楷模。

"造化赋形,支体必双;神理为用,事不孤立。"[①]冥冥之中似乎有一种神秘的力量,使事物往往无独有偶、成双捉对地出现。在魏晋六朝门阀社会的历史上,王、谢两家便是一幅互为偶俪的"对子"。二者不仅在政治上华贵显赫,冠盖相继,簪缨不绝,分别拥有功高难赏的名相王导、谢安,而且在精神文化方面造化也仿佛有意显示自己的公正无偏,赋予谢氏子弟写作山水诗的才能,赋予王氏子弟书法艺术的才能,并各自造就了一位彪炳千古的代表人物:诗人谢灵运和书法家王羲之,从而使这幅"对子"显得益发工巧。

王氏子弟虽然不乏写诗的才能,虽然他们曾以七叶之中人人有集自诩,但在这方面终究要让谢氏一头;同样,谢氏子弟虽也不乏书法才能,甚至出了一位知名的女书法家谢道韫,但在这方面又毕竟要输王氏一着。在《华丽家族:六朝陈郡谢氏传奇》一书中,笔者分析了谢氏的山水诗篇与其持久的老庄家风的内在联系,但现在叙述王氏的书法艺术时,却很难找出它与王氏的特殊家风有什么特定的关系。晋字是晋代名士风流的产物,是世家子弟的普遍爱好,当时擅长书法者有"三谢""四庾""六郗""八王"之称,四者都是著名的豪族。与谢氏相比,王氏子弟虽然更为急功近利,更重权位,并越来越倾向于儒术,但他们毕竟也都具有名

---

① 《文心雕龙·丽辞》。

士气质,权势的竞逐并没有妨碍他们对艺术的爱好,再加上世世代代的濡染承传,这大约就是王氏家族悠久的书法传统的基础。

源远流长

王氏家族的书法传统真是源远流长,不仅仅限于晋代,也不仅仅限于"八王"。在整个六朝的三百多年间,就有明文记载的来说,王氏的书法家远远多于其他家族,而且传布北朝,溉濡后世。可以说,书法与王氏家族的兴衰沉浮相始终。古人云:书,心画也;书,抒也。王氏子弟用书法抒写他们的心灵,表现他们的名士风流。

就六朝这个历史时期来说,王氏的书法传统可以追溯到西晋的王戎、王衍这对"玄诞兄弟"。作为清谈放达的名士,二者都以流便、萧散的草书见长,王衍尤佳,他的草字似乎漫不经心,潇洒痛快,不守矩矱,犹如他的为人,任情适性,无视名教;又犹如他那风姿秀澈的仪表,超越风尘之外,非流俗所能拘羁。不过王戎、王衍的书迹都已淹没于历史的逝川,未能流传下来。

王戎、王衍属于王氏的旁支,正宗的一支是"孝悌人家"王祥、王览的后代。这一支的书法艺术与其勋业同步,也是从第三代开始发迹的,见于史料记载的有王敦、王导、王廙、王旷等人,均为王览之孙,王戎、王衍的族兄弟。王敦为人"蜂目豺声",桀骜刚愎,其书法也笔势斩绝,雄健有力。由于他在政治斗争中失败而家破人亡,书法也便后继无人。王廙是王羲之的叔父,多才多艺,诗、书、画俱佳。书法方面工于草书、隶书,尤擅飞白,时人称"王廙飞白,右军(王羲之)之亚"。他曾得到西晋著名书法家索靖的草书一帖,珍爱异常,南渡时藏在衣缝中,传授给侄儿王羲之。在王羲之之前,他的书法首屈一指。王旷是王羲之的父亲,长于隶书、行书,据说曾从卫夫人那里得到一本汉代书法家蔡邕专论书法技巧的著作《笔记》藏在枕中,传授儿子王羲之。

王旷、王羲之一支的书法后来虽然得到承传,王羲之、献之父子的书法虽然见重当时,辉映千秋,远远超过其他王氏子弟,但在六朝的书坛上真正赓续不断代有名家的是王导一支。王导是王氏家族的"仪型",他的影响及于各个方面。在他之后,王氏家族政治方面的头面人物差不多都是他的后裔,书法方面的头面人物除王羲之父子外,差不多也都是他的后裔。他本人虽然王事鞅掌,又要应付各种朝廷内部的倾轧勃谿,但却始终没有放弃对书法的热爱。他师法前代书法家卫瓘、钟繇,力学不倦,擅长行、草。他藏有钟繇的真迹《宣示帖》,爱不释手,旦夕揣摩,渡江时藏于衣带携至建康,赠送给初露头角的堂侄王羲之,羲之后来借给太原王氏子弟王修。王修死时年仅二十四岁,他的母亲见儿子平日十分珍爱这幅法帖,便放在他的棺中,从此《宣示帖》在人间绝迹。

王导的儿子王恬、王洽、王劭、王荟都以书法闻名,其中以王洽最为重要。他是王羲之的堂弟,各体俱工,尤其擅长草书,卓然孤秀,有乘风飞动之势,王羲之曾称赏他"弟书不比我差"。但王洽的重要不仅仅在于他自身的书法造诣,更在于他是王导一支书法承传上的关键人物。他的子子孙孙既是王氏家族在政治上的主流派,也是书法上的主流派。首先是他的儿子王珣、王珉。王珣擅长草书。他的《伯远帖》的真迹一直流传到后世,为清代乾隆皇帝所得,连同王羲之的《快雪时晴帖》、王献之的《中秋帖》一道,被视为价值连城的三种稀世之珍,因而乾隆将自己的居室命名为"三希堂",这三帖也便称为"三希堂法帖"。不过王珣的书法却比弟弟王珉逊色。王珉曾在王献之之后继任中书令,年龄也小于王献之,故时人称王献之为"大令",王珉为"小令",合称"大小令"。二人在书法上也齐名。王珉长于隶、行、草,而草书尤佳。据传他曾在四匹白绸上飞笔疾书,早晨开始,傍晚完成,首尾如一,无一误字,犹如快马利剑,精弓良箭,攻城破的,所向披靡,连王献之也钦赞不已。后来有人认为他的笔力超过王献之,这当然不是持平之论。

王珉的书法后继无人,王珣则子孙绳绳,官职显赫,书家众多。他的儿子王弘、王昙首是刘宋一代的开国重臣。王弘的书翰为当时人所效法。王昙首所作草字,虽未达到炉火纯青的地步,却也行笔痛快流便,颇有可观。王弘曾孙王融是南齐时的著名诗人,也以书法见长,曾仿效古今杂体作《六十四书》,为当时后进少年所效法。王昙首的儿子王僧绰、王僧虔都擅长书法,特别是王僧虔,被认为是南朝时首屈一指的书法家,又有论书的专著传世,后面还要专节述及,此姑不论。王僧绰的儿子王俭在南齐时以"风流宰相"自居,也工书法。王俭的曾孙王褒被掳掠到北朝,把书法艺术传布到北方,这也将留待后面专节叙述。王僧虔的长子王慈善行书,次子王志善草书。南齐时游击将军徐希秀号称精于书法,却对王志佩服得五体投地,称之为"书圣"。当然王志的"书圣"不过是一时之誉,而千古的书圣终归王羲之。王志的弟弟王彬工篆、隶,梁武帝萧衍称之为"放纵快利,笔墨流便"。另外,王珣还有一个儿子王孺,他本人虽不以书法知名,但其子王微、孙王僧祐、曾孙王籍却都是有名的书家。

上述诸人均为王导的后裔。至于王导一支之外的书法家,包括王羲之和他的儿子们,在各种书法资料中还大有人在,不能一一枚举。说王氏是一个源远流长的书法世家,恐怕是毋庸置疑的。梁代庾肩吾的《书品论》、唐代李嗣真的《书品后》、张怀瓘的《书估》《书断》等书法专著品第和评论从汉以来的书法家,王氏子弟都占了很大比例,得到很高评价。宋太宗赵炅淳化三年(992年)将秘阁所藏从先秦到唐的历代法帖编为十卷,即著名的《淳化阁帖》,王氏子弟的作品竟占了半数以上,仅王羲之、献之父子便占了恰好一半,第五至八卷为王羲之书,九、十两卷为王献之书。王氏书法之盛,由此可见一斑。

王羲之父子在这样悠久、浓厚的书法传统中出现,便不是偶然的了。

书圣的故事

在六朝为数众多的王氏书法家中,王羲之是尤为佼佼者,从唐代开始,他便被尊为"书圣",得到后人的一致认同,直到今天。有人甚至把他与儒家的"大成至圣先师"孔子相提并论,如明代项穆在《书法雅言·神化》中说:

> 宣尼、逸少,道统、书源,非不相通也。

宣尼是孔子的字,逸少是王羲之的字,二者在思想史和书法史上的成就与地位,项穆认为可以相提并论。评价之高,无以复加。用现在的眼光看来,他们也确实都是中国文化艺术史上立于高山之巅的巨人。

王羲之所以能成为一位伟大的书法家,除了先天的才华与后天的勤奋之外,显然更得力于环境的熏陶。如前所述,他生活在一个书法世家,父亲王旷、叔父王廙、从伯王导等人都曾给他直接的指点,又经常与堂兄弟王劭、王洽等人砥砺观摩,并有家藏的珍本可以揣摩效法。另外,他还有一位优秀的女书法家卫夫人作为老师。卫夫人是王羲之的表姑,出身于著名的草书世家河东卫氏,又曾经师事钟繇,本人以隶书和楷书见长,被后人评为犹如插花舞女,低昂美容;红莲映水,碧海浮霞。她的丈夫去世后,她曾长期住在王家,成为年轻的王羲之的家庭教师。再一方面,王羲之所生活的时代书风盛行,世家子弟喜欢以书法自娱,前述"三谢""四庾""六郗"等人,大都与王羲之有着亲密友好的关系,如郗鉴是王羲之的岳父,郗夫人也是一位书法家,有"女中仙笔"之称;谢安、谢万是王羲之过从甚密的朋友;庾亮则是王羲之的顶头上司。这些书法家聚会在一起,互相激励、研讨,是一个重要的生活内容。

王羲之那种潇洒出尘的书风的形成,与当时的士风尤为相关。王羲之以及他的朋友谢安、孙绰、许询、支遁等风流名士,是属于在江南长大或出生的一代。他们虽仍爱好清谈玄虚,却并不像西晋名士王衍、王澄等人那样一味放诞任达,醉酒佯狂,而追求更高层次的精神超越和心灵自由。他们对功名利禄都不很热衷,大都有一段隐逸的经历甚至终身布衣,把明山秀水视为精神的家园和安身立命之地。王羲之在任会稽内史期间经常与他们一起游山玩水,赋诗谈玄,后来辞掉一切官职,完全投身于山水逸乐之中。正是在这个王氏家族政治上的中衰时代,却成就了王羲之的书法事业。如果没有这种风流超逸的士风,那么王羲之即使成为大书法家,他的书风也将成为另一种风貌。

王羲之拥有这些得天独厚的条件,故能博采众长,兼善诸体,而又纵横变化,纯出自然,总体风格是遒劲秀丽,对前人有因有革,继往开来。

在从南朝到唐代的各种书法论著中,他的作品均被评为"上之上""第一等""神品"等最高品位。他现在流传下来的书迹虽出于后人的临摹拓印,但也不失其风华流采,其中的代表作是《兰亭序》《乐毅论》《十七帖》等。

王羲之的书法在他生前便已脍炙人口,留下不少轶事逸闻。据说他早年书法不及庾翼、郗愔,后来经过勤奋努力,突飞猛进,大大突破了原有的水平。有一次他用章草给庾亮写了一封信。章草是东汉章帝时流行的一种草书,张芝写得最好,有"草圣"之称。庾翼是庾亮之弟,他在哥哥处看到王羲之的信后,真有士别三日刮目相看之感。不禁心悦诚服,写信对王羲之说自己原有张芝的草书十纸,过江时仓促间丢失,现在看到你的章草,焕若神明,可谓张芝再生。从此王羲之的书名益盛,从上层人士到方外释道,都以得到他的书迹为荣。有一次他到一位门生家做客,见桌面十分光洁平整,不禁逸兴大发,索来笔墨,以这桌面为纸奋笔疾书起来,一半是真书,一半是草书,竟然比写在纸上还要优美。后来这位门生的父亲不知是王羲之所书,吩咐仆人把桌面刮得干干净净,门生十分气恼,他父亲也悔之不已。王羲之喜欢鹅,大概因为那展翅舒颈、逍遥戏水的神态常常启迪他书写的灵感吧。在做会稽内史期间,他听说山阴县有位道士养了一群美丽的白鹅,便前往观赏,爱不忍离,要求买下。这位道士则很喜爱王羲之的书法,请他帮助抄写一部《道德经》作为交换条件。王羲之一口答应,当即铺纸舒翰,从上午直到傍晚,终于把一部五千言的《道德经》全部抄完。于是道士得到了墨宝,王羲之得到了白鹅,各遂心愿,皆大欢喜。还有一次,王羲之到会稽境内的蕺山游玩,看到一位老妇人在烈日下叫卖六角竹扇,生意冷清。王羲之吩咐书童拿出笔墨,在每把扇子上都写了五个字,并让老妇人高价出售。这位贫苦无知的老妇人当然不晓得王羲之墨迹的珍贵,起初不很相信,后来见人们争相高价购买,一堆竹扇顷刻而光,想请求王羲之再帮帮忙,却已不知去向。

王羲之的书法就这样誉满朝野。

二王优劣论

王羲之的七个儿子——玄之、凝之、徽之、操之、涣之、肃之、献之,在当时都以书法闻名,除玄之、肃之外,其余五人均有墨迹传世。宋代黄伯思《东观余论·晋宋齐人书》论这五兄弟的书法与乃父的关系说:"凝之得其韵,操之得其体,徽之得其势,涣之得其貌,献之得其源。"其中以"得其源"的小儿子王献之最为优异,有与乃父分庭抗礼、并驾齐驱之势,书法史上合称"二王"或"大小王"。

王献之既有优越的家庭条件,又有出众的天赋。他从五岁开始学习书法,握笔灵活而有力。有一次正在练字,王羲之悄悄走到背后,伸手猛抽他的毛笔,没想到他抓得紧紧的,一点儿也未松动。王羲之心中暗想:"此子将来必成大名!"果然到他二十多岁的时候,在士林已经享有盛名。他擅长正、行、草书。起初学习父亲,后来改学张芝,再以后便不复依傍,独创一体,自成一家。他毕竟年轻,与父亲在观念和审美趣味方面存在着差异。整个六朝,文学和艺术越来越走向缘情绮靡、秀媚华丽,王献之当然更多地受到这种审美风尚的影响。他曾劝父亲改变书体,写得更加秀美一些,父亲却笑而不答。其实王羲之的书法对以往的古朴书风已经有所改造,飘逸流美是其特点,唐代韩愈甚至责难:"羲之俗书趁姿媚。"

清人钱泳《书学》也说:"古人之书原无所谓姿媚者,自右军一开风气,遂至姿媚横生,为后世行草祖法。"不过他在姿媚之中仍带有雄健之气,王献之对此犹嫌不足,故父子二人在艺术趣味和风格上存在分歧,由此也导致了二王优劣之论,以及二人在书法史上地位的升降消长。

二王优劣之论在王献之生前便已出现,他本人也颇为自信,并不甘居父亲之下。有一次谢安问他与乃父书法的高下,他不作正面回答,只说风格不同。谢安说外界的评论并不如此,王献之说:"他们哪里懂得!"可见在当时,人们一般认为父胜于子,按照《晋书》王献之本传的说法:"时议者以为羲之草隶,江左中朝莫有及者。献之骨力远不及父,而颇有媚趣。"王羲之书风的特点是遒丽、雄秀,丽中有遒,秀中有雄,王献之则更加偏向于秀媚、姿媚。

南朝人由于爱好绮靡柔美,王献之的书法更能适应这种审美趣味,故有压倒乃父之势。如梁代庾和的《论书表》说"比世皆尚子敬……海内非谓不知有元常,于逸少亦然",意谓当时的人们都崇尚王献之(字子敬),不但不知道历史上还有一位名家钟繇(字元常),连王羲之(字逸少)也忘在脑后。按照他的看法应是各有所长,"同为终古之独绝,百代之楷式"。到了唐初,唐太宗李世民酷好王羲之书,不惜重金四方搜求,得到其真迹三千六百纸,其中行书五十八卷,真书二十二卷,二者合计二百九十纸,草书两千纸,置于座侧,把爱不已,说自己"心摹手追,此人而已"。对王献之则极力贬低。上有所好,下必影附,故小王的书名一时被大王所掩。大约经过二十多年,到了唐玄宗李隆基时代,王献之的地位才又重新提升,与乃父大抵齐名。如当时的书学家张怀瓘所著《书估》,二王并列第一等;其所著《书断》,将历代书法家分为"神品""妙品""能品"三等,"神品"中包括隶书三人、行书四人、章草八人、飞白三人、草书三人,其中均有二王。父子书法地位之高,可谓前无古人。唯有王羲之的八分列入"妙品",王献之则列入"能品",略逊其父。从我们今天的眼光看来,父子虽然各有所长,风格不同,却都是古代书法艺术的瑰宝,但一般说来,大王的成就、地位、名声和影响公认在小王之上。

王献之的书迹保存下来较多,其代表作有《洛神赋》《鸭头丸》《中秋》等法帖。

谁是"冠军"

在王导一支的书法家中,值得注意的是王僧虔,有人认为他的书法在南朝首屈一指。

王僧虔是王导的五世孙,他的书法师法王献之,不过他对这位"小王"也有所不满,认为其骨力不及"大王",因而他在师法中也有独创与改进。有一次宋文帝刘义隆看到他书写的扇面,大加赞赏,夸奖他不但书法超过王献之,器量见识更在其上。那时他还是弱冠青年。后来他出任吴郡太守,恰巧王献之也曾任此职,二人都是王氏的佳子弟,又都以书法名冠一时,当世传为美谈。

入齐后,王僧虔书法愈精。齐高帝萧道成也酷爱书法,曾经搜集到古代的书迹十一卷,令王僧虔提供古今书法家的名单,他罗列了从秦代李斯到东晋的书法家共六十九人,略加介绍评论,等于一部当时的书法简史,其中自然也包括他的祖上王导、王廙、王洽、王珉以及族人王羲之、王献之、王允之等。

王僧虔传世的书迹有《王琰帖》《刘伯龙帖》等,还有论书专著《书赋》《论书》等。

据说他有两桩有关书法的轶事,由中可以看出他书法的高妙以及当时重书的风气。一是在刘宋时,孝武帝刘骏爱好书法,喜欢舞笔弄墨,很希望人们承认他的书法是当世第一。王僧虔洞察到他这种心理,也知道他的气量狭小难以容人,而自己的书法偏偏又高出他一头。为了避免他的嫉妒,满足他良好的自我感觉,便故意把字写得不太好,将"冠军"让给他。另外一桩却与此不同,是"并列冠军"的故事。那是在南齐时,高帝萧道成也善书,不过他比刘骏大度得多。有一次他与王僧虔比赛写字,戏问道:"咱俩谁是第一?"王僧虔回答:"臣书第一,陛下也是第一。"萧道成自知书法不及王僧虔,不禁哈哈大笑。

书　累

王导的九世孙王褒也以书法著称。他虽不能与王羲之、献之相提并论,甚至不及他的祖上王僧虔,但由于后来流落北朝,把当时比较先进的南方书法艺术传布到北方,因而在王氏以至于整个南北朝的书法史上也是值得一提的。

王褒的前半生是在梁朝度过的,他的书法主要得力于姑父萧子云。萧子云曾为梁朝的国子祭酒,小篆、行、草、飞白诸体兼备,当世莫比,并流誉海外。王褒年轻时经常到他府上,耳濡目染,刻意学习,不久书法便仅次于这位姑父,成为当时的名家。侯景之乱时,王褒来到江陵,投奔后来成为梁元帝的荆州刺史萧绎,很受萧绎赏爱。字以人贵,他的书法也因而升值。当时萧绎手下有位名叫丁觇的刀笔小吏,甚工草隶,官府文书大都出于他的手笔,但因地位微贱,不被赏识。当时流传着一句谚语:"丁君十纸,不敌王褒数字。"虽然王褒的书法未必在丁觇之上,不过也可想见他在当时书法界的名声和地位。

江陵城破,王褒被掳掠到西魏,他的书法才真正显示出价值和光彩,不过他又因而为书法所累。当时流亡到北方的还有位颜之推,是王褒的同乡,俱为琅邪临沂人。据他在《颜氏家训》中记载,北方由于长期丧乱,书法艺术的水平较低,甚至随意造字,王褒的书法在那里便成为不可多得的珍品,王公大人经常向他求书,有的请他撰写碑铭,他不好拒绝,忙得昏头涨脑,常常悔恨说:"假使我不善书法,又何至这般光景!"颜之推记述此事的用意,在于告诫子弟书法不过是一小技,固然不可不知,但也不可太精,否则将"常为人役使,更觉为累"。王褒的叹息懊悔固然有他的苦衷,颜之推的这段"家训"却是不可取的。书法是一种艺术,艺术是人类超越功利的美好追求。能够向人们传播艺术,陶冶人们的情操,使人们在丧乱之余多少得到一些心灵的慰藉,这应是王褒去国离乡之后的不幸中之大幸,是历史事变给予他的一个值得庆幸的机遇。

智永与《兰亭帖》的传说

书法总是伴随着王氏家族,与王氏家族的盛衰相始终,成为王氏家族精神文化上的象征。王褒把书法带到北方,而王氏书法最后一位知名的传人则把它带到新的朝代,并且以他为枢纽向更远的后世传递。更加富有象征意味的是,王羲之本是王氏书法的代表,而这最后一位传人恰巧是他的七世孙。并且这位传人的籍贯在史书上已不再写作"琅邪临沂",而是"会稽"——那是王氏南迁后新的家乡;他也不再姓王,而是姓"释",称为"释智永",因为他已经遁入空门,皈依了释迦牟尼。这一切都富有悲剧性的象征意味。历史在向过去告别的时候,总要安排一个象征性的人物,制造一种悲凉的气氛。

释智永的俗名已不得而知,只知他由陈入隋,有一位哥哥名叫王孝宾。兄弟二人看到大势已去,四大皆空,便将世代相传的会稽旧宅舍为嘉祥寺,自己也剃度为僧,兄法号惠欣,弟法号智永,人称"永禅师"。后来为了祭扫祖坟之便,又双双移居永欣寺。这兄弟二人真是万念俱灰,把祖祖辈辈的功名勋业、荣华富贵全都忘到九霄云外,却唯有忘不了书法这个"小技"。特别是智永,更是孜孜不倦,乐此不疲,用力极为精勤,在寺内阁楼上临摹学习王羲之等人的遗帖达三四十年之久,用坏的笔头整整装满五大箩筐,埋在寺中园内,犹如一座小坟墓,故称"退笔冢"。功夫不负苦心人,他终于妙传家法,对王羲之书法学得惟妙惟肖,又有所变化,被评为"秀润圆劲,八面俱备",宋代大诗人、大书法家苏东坡更把他的书法比作陶渊明的诗,越看越有韵味。后来他将这几十年临得的《真草千字文》挑选出八百余本比较满意的,分施给浙东诸寺,备受珍爱,流传不衰。从此他的书名益振,求书者络绎不绝,把门槛都踩断了,只得用铁皮包裹起来,人称"铁门限"。唐初大书法家欧阳询、虞世南早年都曾师法过他,入唐后受命在弘文馆讲授书法,这就将王氏书风传续下去。清代吴乔在《围炉诗话》中说:"晋、宋人字萧散简远,智永稍变,至颜(真卿)、柳(公权)而整齐,又至明变而为阁立纲体。"可见智永在中国古代书法演变史上承前启后的重要地位。

王羲之既是王氏书法的代表,《兰亭帖》又是王羲之书法的代表,而此帖的遭际又与智永相关,这也是一个象征。《兰亭帖》是当年王羲之与名士谢安、孙绰等在兰亭修禊时为众人所作的诗集写的一篇序,全文二十八行,三百二十四字,素有"天下第一行书"之称。后来这本法帖传到智永手中。智永是出家人,没有子女,临终时托付给弟子辩才和尚。辩才不敢稍许疏忽,珍藏在所住方丈的屋梁上。入唐之后,太宗李世民极为醉心于王羲之的书迹,凡传世的真本几乎搜罗殆尽,唯独缺了最著名的《兰亭帖》,成为他的一个心病。后来听说此帖在辩才手中,便三番五次将他召到朝廷追问索取,辩才始终不肯承认。李世民虽为天子,此事却不便强夺,便与大臣设计了一个智取之法,派梁元帝的曾孙、当朝监察御史、足智多谋的萧翼前往赚取。萧翼向李世民讨了几本二王的字画真迹作为诱饵,装扮成潦倒书生模样,随商船南下,来到辩才所住的寺院,二人交上朋友,围棋抚琴,谈字论画,过从甚密。有一天趁着谈兴正浓,萧翼出示了二王的字画。辩才看见这些稀世之宝,又见萧翼如此坦诚,便也不生疑虑,从屋梁上取出《兰亭帖》请他观赏,事后也不再放回,与萧翼带来的二王诸帖一起置于案头,日日临摹数遍。萧翼乘他有一天外出之机,从其弟子处骗得室门的钥匙,将《兰亭帖》及其他二王书帖席卷而去,交给了李世民。李世民大喜,重赏萧翼以及辩才和尚。后来李世民病危,嘱咐太子以《兰亭帖》殉葬。从此《兰亭帖》便只留下几种摹本,真迹在世间永远消失了,长伴着那位千古名君,与之俱化。

最后的"回顾展"

释智永之后,从唐至近世以来的漫长岁月,琅邪王氏再无一个显赫的书法家出来,犹如陈郡谢氏再无一个著名的诗人出来一样。一般的书法家即使有,也不再冠以"琅邪王氏"的郡望,而是"会稽王氏"或"咸阳王氏"。在六朝这个特殊的历史时期,"琅邪王氏"以及"陈郡谢氏"等用语包含着特定的内涵,它们是权势、华贵、风流的标志。而这一切,都随着产生它们的历史条件一同消逝了。

正像王氏进入隋唐以后在政治上曾有过一段余波绮丽一样,在书法上也有一个余波。如前所述,王褒的曾孙王绋在武则天时官至宰相,当时也以书法知名。但与其说他是书法家,不如说他是书法收藏家。凭着他出身书法世家的优势,家藏的书帖图画比朝廷秘阁所藏还多,而且尽是世上罕见的异本。武则天喜爱书法,曾向他征求王氏的书帖,他如数献出,并上书说:

> ……十世从祖羲之书四十余番,太宗求之,先臣悉上送,今所存唯一轴。并上十一世祖导、十世祖洽、九世祖珣、八世祖昙首、七世祖僧绰、六世祖仲宝(即王俭)、五世祖骞、高祖规、曾祖褒,并九世从祖献之等,凡二十八人书,共十篇。①

从晋代到陈代,从南朝到北朝,从王导到王褒,再到非直系的王羲之、献之,每一代的作品都有。这可以说是王氏子弟对自己祖上昔日精神文化产品的最后一次总结与回顾,是他们的风流文采最后一次展示与闪现。总之,这是一次最后的"回顾展"。这些展品的任何一件倘有幸传至今

---

① 《新唐书·王绋传》。

日,都将价值连城,使一切收藏家"望穿秋水"。

武则天看来并不是贪婪的人,她没有把这些稀世之珍据为己有,而是"遍示群臣",奇书共赏,然后命当时的著名作家、中书舍人崔融编为一集,名《宝章集》,并撰述这个书法世家的世系,然后完璧归赵,赐还王綝。

琅邪王氏作为一个门阀世族虽然消失了,琅邪王氏作为一个书法世家虽然中断了,但以王羲之、王献之为代表的王氏书法的成就与光辉,却超越了王氏家族的阀阅,超越了王氏书法世家自身的传统,甚至超越了魏晋六朝这个时间范围,流传到遥远的后世,流传到社会各个阶层,成为永恒的楷模。"旧时王谢堂前燕,飞入寻常百姓家。"像谢氏的山水诗一样,书法才是真正的千秋王氏堂前燕,确确实实飞入千门万户的寻常百姓家了。王氏家族昔日炙手可热的权势,令人艳羡的华贵,目迷五色的荣耀,都像六朝金粉一样成为明日黄花,而书法艺术却永恒存在着,并非过眼烟云。

至此,我们全部叙述完了琅邪王氏家族漫长的故事。孝感河边,芦花似雪;秦淮水上,月色如烟。面对此情此景,如何评估这些消逝了的历史陈迹?见仁见智,就一任读者诸君了。

主要参考书目

陈　寿《三国志》中华书局 1959 年版
房玄龄《晋书》中华书局 1974 年版
沈　约《宋书》中华书局 1974 年版
萧子显《南齐书》中华书局 1972 年版
姚思廉《梁书》中华书局 1973 年版
姚思廉《陈书》中华书局 1972 年版
魏　收《魏书》中华书局 1974 年版
令狐德棻《周书》中华书局 1971 年版
李延寿《南史》中华书局 1973 年版
李延寿《北史》中华书局 1974 年版
魏　徵《隋书》中华书局 1973 年版
欧阳修等《新唐书》中华书局 1975 年版
许　嵩《建康实录》中华书局 1986 年版
司马光《资治通鉴》中华书局 1956 年版
吕思勉《两晋南北朝史》上海古籍出版社 1983 年版
王仲荦《魏晋南北朝史》上海人民出版社 1977 年版
唐长孺《魏晋南北朝史论丛》三联书店 1955 年版
《临沂县志》台湾成文出版社影印本

主要参考书目

王伊同《五朝门第》金陵大学中国文化研究所 1943 年版
毛汉光《两晋南北朝士族政治之研究》台湾中国学术著作奖助委员会 1966 年版
田余庆《东晋门阀政治》北京大学出版社 1989 年版
陈长琦《两晋南朝政治史稿》河南大学出版社 1992 年稿
徐扬杰《中国家族政治史》人民出版社 1992 年版
《老子》《诸子集成》本
陈鼓应《庄子今注今译》中华书局 1983 年版
葛　洪《抱朴子》《诸子集成》本
余嘉锡《世说新语笺疏》中华书局 1983 年版
颜之推《颜氏家训》《诸子集成》本
杨衒之《洛阳伽蓝记》上海古籍出版社 1978 年版
道　宣《广弘明集》上海古籍出版社影印本
皮锡瑞《经学历史》中华书局 1957 年版
冯友兰《中国哲学史新编》第二、四册人民出版社 1986 年版
任继愈《中国哲学发展史（魏晋南北朝）》人民出版社 1988 年版
任继愈《中国佛教史》第二、三卷中国社会科学出版社 1988 年版
汤用彤《魏晋玄学论稿》人民出版社 1957 年版
吴　光《黄老之学通论》浙江人民出版社 1985 年版
余英时《士与中国文化》上海人民出版社 1987 年版
张彦远《法书要录》上海书画出版社 1985 年版
陶宗仪《书史会要》上海书店 1984 年版
潘　岳《王羲之与王献之》上海书画出版社 1992 年版

范韧庵等《书法辞典》江苏古籍出版社 1989 年版
严可均《全上古三代秦汉三国六朝文》中华书局影印本
逯钦立《先秦汉魏晋南北朝诗》中华书局 1983 年版

       * *

[美] E·希尔斯《论传统》上海人民出版社 1991 年版
[美] 许烺光《宗族·种姓·俱乐部》华夏出版社 1990 年版

附录：

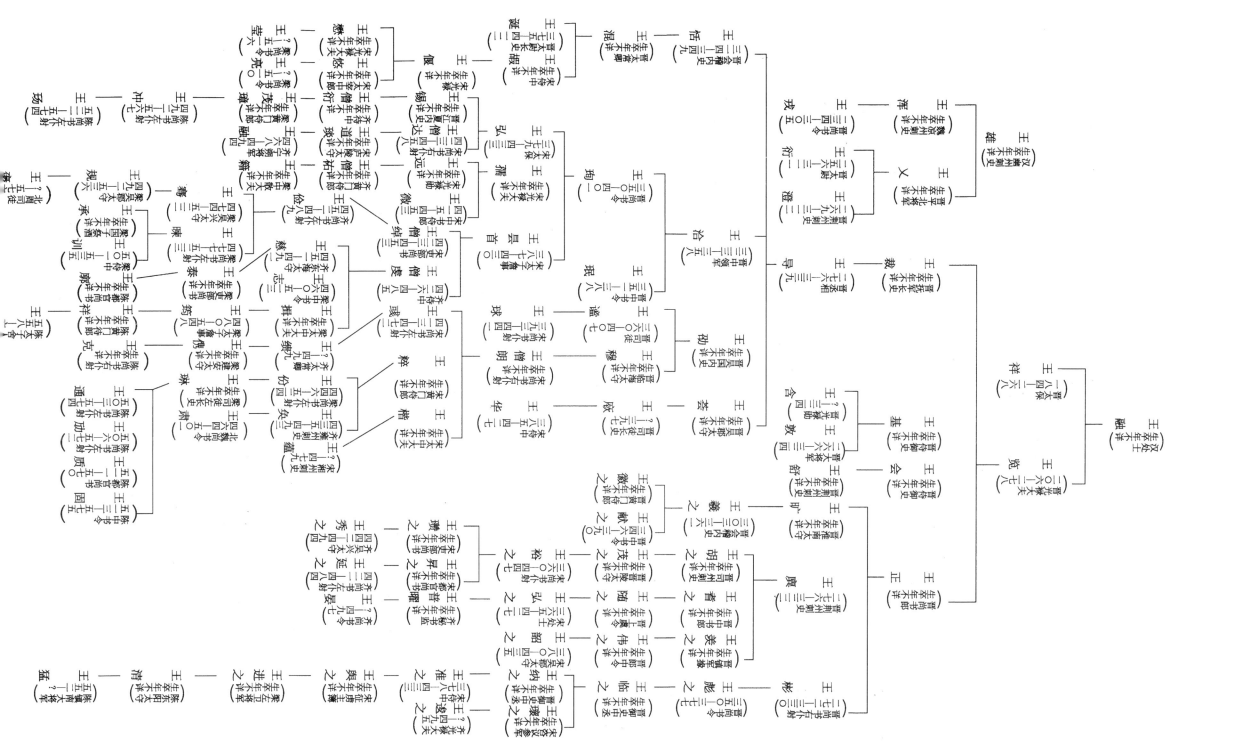

六朝琅邪王氏世系简表

（只收与本书相关的主要人物及其承几传关系）